Mon cahier de dictées II
TOUT POUR SE PRÉPARER ET RÉUSSIR !
5e année

Annabelle Landry

CAR
ACT
ÈRE

Illustrations : Daniel Rainville, Agathe Bray-Bourret, Julien Del Busso, Hugo Desrosiers et Alexandre Bélisle
Conception graphique et mise en pages : Tictac graphique
Couverture : Bruno Paradis
Correction : Anik Tia Tiong Fat
Illustration de la couverture : Daniel Rainville

Imprimé au Canada
ISBN 978-2-89642-340-8
Dépôt légal – Bibliothèque et Archives nationales du Québec, 2010

Nous reconnaissons l'aide financière du gouvernement du Canada par l'entremise du Fonds du livre du Canada pour nos activités d'édition.

Visitez le site des Éditions Caractère
editionscaractere.com

Table des matières

Mot aux parents

Dans cette toute nouvelle édition du Cahier de dictée pour 5e année, nous vous proposons des dictées un peu plus rigoureuses, mais assorties d'un plus grand nombre d'exemples en relation avec les notions de grammaire à réviser. Nous avons également pris soin d'incorporer des éléments issus de la nouvelle orthographe, alors ne soyez pas surpris de constater que l'usage d'autres graphies est dorénavant accepté dans la langue française !

Ce livre est divisé en dix sections qui portent sur les contenus d'apprentissage prescrits dans le programme-cadre de français du ministère de l'Éducation, du Loisir et du Sport. Chaque section comprend une dictée intitulée *Je m'entraîne*, permettant d'évaluer les forces et les faiblesses de votre enfant vis-à-vis des notions révisées par la suite. Vous y trouverez aussi une série de cinq dictées qui traitent d'une notion de grammaire précise. Enfin, deux dictées récapitulatives, visant l'intégration de l'ensemble des notions de grammaire revues précédemment, une dictée finale et la Dictée des as, pour pousser plus loin les limites de l'apprentissage, font également partie de cet ouvrage.

Certaines dictées sont à faire seul et d'autres nécessitent votre participation. Il suffit de lire attentivement les directives pour connaître le procédé. Le corrigé détachable vous permet de donner les dictées plus facilement.

Tous les textes exploitent, dans la mesure du possible, des thèmes étudiés dans les six domaines académiques enseignés au troisième cycle du primaire. Cette façon de faire nous est apparue tout indiquée pour faciliter la transition des élèves du troisième cycle du primaire vers l'école secondaire où l'on favorise de plus en plus les pratiques d'enseignement interdisciplinaires.

Bonne dictée !

LES DÉTERMINANTS DÉFINIS ET INDÉFINIS

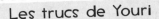

Écris le déterminant défini ou indéfini approprié.

La zumba

As-tu entendu parler de ce phénomène mondial récent? Inventée par _____

Colombien Beto Perez, _____ zumba est _____ mélange de danses

latines et d'aérobic exécuté sur _____ musiques joyeuses et entraînantes.

Fait intéressant, M. Perez, autrefois professeur de danse, oublie _____ jour

_____ CD de musique qu'il utilise habituellement pour son cours de mise en

forme. Il doit donc improviser _____ pas d'exercices de mise en forme sur

_____ pièces de musique de salsa, de merengue et de cumbia, qu'il écoute

régulièrement dans sa voiture. C'est ainsi qu'est née _____ zumba. Elle

gagne rapidement en popularité à travers toute l'Amérique latine. Puis, _____

exportation, par Beto lui-même, de cette nouvelle formule d'entraînement _____

États-Unis a tôt fait de gagner davantage d'adeptes. Beto deviendra notamment

_____ chorégraphe personnel de Shakira, _____ chanteuse pop

reconnue pour ses mouvements de danse tirés de _____ danse_____ ventre et

de plusieurs danses latines. Aujourd'hui, _____ popularité de _____

zumba est telle qu'on trouve _____ centres de mise en forme se spécialisant

dans ce type d'entraînement _____ peu partout à travers _____ monde.

LES DÉTERMINANTS POSSESSIFS ET DÉMONSTRATIFS

◇◇◇◇◇◇◇◇◇◇◇◇◇◇◇◇◇◇◇◇◇◇◇

Les trucs de Youri

Les **déterminants possessifs** désignent un objet appartenant à quelqu'un, ou à une personne ayant un lien avec une autre personne. Ils s'accordent en genre et en nombre avec les noms qu'ils déterminent. Il peut y avoir **un** ou **plusieurs** possesseurs.

Exemples : **Leurs** livres, **sa** grand-mère.

Singulier		Pluriel	
Un seul possesseur	Plusieurs posseurs	Un seul possesseur	Plusieurs posseurs
(Je) mon, ma	(Nous) notre	(Je) mes	(Nous) nos
(Tu) ton, ta	(Vous) votre	(Tu) tes	(Vous) vos
(Il) son, sa	(Ils) leur	(Il) ses	(Ils) leurs

Les **déterminants démonstratifs** servent à montrer un objet ou une personne. Ils s'accordent aussi en genre et en nombre avec les noms qu'ils déterminent. Exemples : **Ces** spectacles, **cette** idée.

Écris ce qu'on te dicte.

Qui suis-je ?

Né le 11 juin 1968 à Shawinigan, en Mauricie, _____ _____ *Amos Daragon*. _____, qui compte 12 tomes, a remporté un franc succès auprès des jeunes de _____. Traduits dans 18 langues, les livres sont acclamés par _____ _____. _____ _____ qui aspirait, depuis longtemps, à devenir écrivain. Grand amateur de contes, de légendes et de mythologie, il s'est intéressé, pendant _____ _____, au concept de loup-garou dans la tradition orale québécoise. _____ se retrouvera plus tard dans *Wariwolf* (*werewolf*, en anglais, qui signifie loup-garou). D'ailleurs, le thème de la transformation humaine en animal est très présent dans ses romans. On n'a qu'à penser, notamment, au personnage de Béorf Bromanson, allié d'Amos Daragon et membre de la race des béorites, qui peut se transformer en ours. _____, _____, _____ _____ *Éclyps*, un spectacle fantastique présenté à la Cité de l'énergie de Shawinigan durant la saison estivale. Il vit présentement à Saint-Mathieu-du-Parc, village situé à quelques kilomètres seulement de Shawinigan. _____ : Bryan Perro.

L'avais-tu reconnu ?

LES DÉTERMINANTS INTERROGATIFS ET EXCLAMATIFS

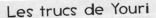

Écris ce qu'on te dicte.

La charte canadienne des droits et libertés

_____ nous avons d'être Canadiens ! Dans ce pays, nous avons le privilège d'avoir une charte des droits. « _____ ? », me demanderez-vous. Eh bien sachez que, sans elle, nous n'aurions aucun droit face aux mesures politiques et juridiques que pourraient prendre les gouvernements fédéral et provinciaux. Grâce à Pierre Elliot Trudeau, qui a rapatrié la constitution en 1982 et y a inséré une charte des droits, nous, citoyennes et citoyens canadiens, avons un moyen de faire respecter nos droits. Vous _____ sont ces droits garantis par la charte ? En voici un résumé : cet important document reconnaît, en outre, les grandes libertés fondamentales telles que la liberté d'expression et la liberté d'association; les droits démocratiques – le droit de vote, par exemple; la liberté de circuler (droit de vivre où l'on veut au Canada); les garanties juridiques comme le droit à la vie, à la sécurité de sa personne et à la liberté et enfin, les droits à l'égalité et les droits linguistiques. « Savez-vous _____ qui sont couverts par la charte ? » Il y en a beaucoup, mais les langues officielles et le droit à l'éducation dans la langue de la minorité sont peut-être, au Québec, ceux qu'on évoque le plus souvent. On trouve aussi dans la charte des dispositions de la loi relative aux droits des peuples autochtones, les premières nations du Canada. _____ que le Canada !

LES DÉTERMINANTS NUMÉRAUX

Écris ce qu'on te dicte.

Maurice Richard « Le Rocket »

Icône canadienne-française du hockey, Maurice Richard _____

_____ but dans la Ligue nationale de hockey le 8 novembre 1942. Le _____

_____ des Canadiens de Montréal s'est fracturé la cheville la même année

et a dû arrêter de jouer pour le reste de la saison. De retour au jeu l'année suivante, il _____

_____ et ce, en _____ parties ! Maurice Richard,

alias « Le Rocket » ou « La Comète » était le _____ de _____

à _____ un _____ exploit. Un soir de décembre 1944, après avoir passé

la journée à déménager, il a compté _____ buts et _____

_____, un record à l'époque. _____ ans, il a été

l'ailier droit de ce que l'on surnommait la « Punch Line » avec _____

co-équipiers au centre et à l'aile gauche. On lui attribue aussi le but gagnant de la _____

_____ de la _____ contre les Bruins de Boston le soir du 8 novembre

1952. C'était, en _____ ans, son _____ but. Pendant sa

carrière, Maurice Richard a compté _____ buts et a amassé

_____ aides en plus de _____ parties en saison régulière. Sa performance

supérieure lors des séries éliminatoires lui a permis de _____ coupes

Stanley avec les Canadiens. C'est en 1960 qu'il a finalement pris sa retraite.

Accorde en genre et en nombre les mots qui figurent entre crochets.

Léopold Sédar Senghor

D'origine [sénégalais] _____, Léopold Sédar Senghor devint, en 1960,

le premier président du Sénégal, une [ancien] _____ colonie française.

Au cours de sa vie très [actif] _____, Senghor sera à la fois poète, écrivain

et politicien, en plus d'être le premier Africain à siéger à l'Académie [français] _____,

une institution [fondé] _____ en 1635 par le cardinal Richelieu et dont le mandat

est de standardiser et d'améliorer le français. Il étudiera plus en profondeur le concept

de « négritude », notion [proposé] _____ par Aimé Césaire, connaissance

[martiniquais] _____ et camarade de classe à l'université. La négritude est la

reconnaissance et l'acceptation, par les Noirs, de leur statut, leur histoire, leur culture et

leur destin, bref, de tout ce que signifie le fait d'être Noir. Senghor s'y référera d'ailleurs

beaucoup dans ses écrits et particulièrement dans sa [merveilleux] _____

poésie, laquelle se fonde sur l'espoir de créer des sociétés [meilleurs] _____ qui

vont au-delà des différences [culturels] _____. Senghor est aussi l'auteur de littérature

[jeunesse] _____, dont sa collection de 84 textes La [beau] _____

histoire de Leuk-le-Lièvre. Personnage très connu dans les contes et les fables de l'Afrique

[noir] _____, il symbolise l'intelligence qui l'emporte toujours face à ses

adversaires de nature [crapuleux] _____.

Les trucs de Youri

On forme généralement le féminin des noms en ajoutant un **–e** au masculin. Mais certains noms en **–e** font **–esse** au féminin. Exemple : maître - maîtresse.

Les noms masculins qui se terminent en **–(i) en, –on**, et **–el** doublent leur consonne : **–(i)enne, –(i)onne**, et **–elle** au féminin. Exemples : magicien – magicienne, lion – lionne et criminel – criminelle. Pour la plupart des noms en **–at** et en **–ot**, on ajoute un **–e**. Exemples : avocat – avocate, bigot – bigote.

Les noms masculin qui se terminent par **–(i)er** font **–(i)ère** au féminin. Exemples : fermier – fermière, boucher - bouchère.

Quelques noms masculins ont un féminin complètement différent : bœuf – vache, frère – sœur, cerf – biche, etc.

Remplace le mot entre crochets par son équivalent féminin.

Des membres de ma famille

Ma tante [Marcel]_____ est [infirmier] _____. Elle adore soigner les gens et leur administrer des médicaments afin de les soulager. [Lucien] _____, sa sœur, est [mécanicien] _____. Sa passion : réparer des automobiles. C'est drôle, les deux aiment « fixer » des gens ou des choses. [Joël] _____, la [cadet] _____, préfère le droit. C'est la raison pour laquelle elle a choisi de devenir [avocat] _____. Elle aurait fait une bonne [vétérinaire]_____ aussi, car elle adore les animaux. Sa [chat]_____, Zoé, est la [champion]_____ du saut en longueur : chaque fois qu'elle aperçoit une souris, elle s'élance et fait un bond digne d'une [athlète]_____ olympique ! En tout cas, elle est très agile pour une [manchot] _____. De temps en temps, ma [cousin]_____ Lili vient rendre visite à notre [oncle]_____ [Lucien]_____. À dix ans, elle est déjà une excellente [couturier] _____ ! Sa mère, la [maire] _____ de Lévis, est une [politicien] _____ très dévouée.

L'ACCORD DU NOM AU FÉMININ

Les trucs de Youri

Les **noms se terminant** par **–eau**, **–eur** et **–x** au masculin font généralement **–elle**, **–euse** et **–se** au féminin. Exemples : un agneau – une agnelle, un amuseur – une amuseuse, un amoureux – une amoureuse.

Exceptions : une profess**eure**, une régis**seure**, une vie**ille**, une rou**sse**, etc.

Ceux qui se terminent en **–teur** au masculin font, la plupart du temps, **–trice** au féminin.
Exemples : *un directeur – une directrice, un éditeur – une éditrice.*
Mais on dira une au**teure**, une doc**teure**, etc.

Les noms se terminant par **–p** et **–f** au masculin font **–ve** au féminin.
Exemples : un loup – une louve , un sportif – une sportive.

Remplace le mot entre crochets par son équivalent féminin et accorde-le au pluriel le cas échéant.

Dans ma classe de 5ᵉ année

Cette année, dans ma classe, il y a beaucoup d'élèves intéressants. Maxine, ma meilleure amie, est une vraie [sportif] _____ : championne du ballon-chasseur, elle est réclamée par tout le monde lorsque vient le temps de constituer les équipes. Héloïse, mon autre copine, est la plus grande [rêveur] _____ que je connaisse. En effet, elle passe ses journées à songer au beau Loric, charmeur de ces dames ! Une [lecteur] _____ invétérée, Gaëlle lit non seulement tous les jours, elle dévore des romans assez volumineux. Geneviève, elle, préfère la musique. Elle est d'ailleurs une très grande [amateur] _____ de pop et se fait souvent confisquer son iPod par le professeur. Il y a aussi Paula, que l'on surnomme « la [jaloux] _____ » parce qu'elle n'aime pas que d'autres filles parle à son copain. Heureusement Martin, le garçon dont elle est l'[amoureux] _____, ne semble pas trop préoccupé par ce comportement. Quoi qu'il en soit, elle aimerait un jour devenir [ingénieur] _____. Enfin, Catherine et Isabelle, les [jumeaux] _____, sont d'excellentes [patineurs] _____. Elles sont très [studieux] _____ aussi, car la première veut devenir [docteur] _____ et la seconde, [enchanteur] _____ ! Quant à moi, eh bien… je ne sais pas trop. Peut-être [acteur] _____ ou politicienne ?

L'ACCORD DE L'ADJECTIF AU FÉMININ

◇ ◇ ◇ ◇ ◇ ◇ ◇ ◇ ◇ ◇ ◇ ◇ ◇ ◇ ◇ ◇

Les trucs de Youri

Pour former le **féminin** d'un adjectif on ajoute, en général, un **–e** au masculin.
Exemples : gris – gri**se**, original – origina**le**, etc.

Certains adjectifs demeurent invariables au féminin.
Exemples : énergiqu**e** – énergiqu**e**, sympathiqu**e** – sympathiqu**e**, etc.

Les adjectifs se terminant par **–f**, **–x** ou **–c** (**muet**) au masculin font **–ve**, **–se** ou **–che** au féminin.
Exemples : neu**f** – neu**ve**, ambitieu**x** – ambitieu**se**, fran**c** – fran**che**.
Exceptions : doux (douce), faux (fausse), roux (rousse), vieux (vieille), etc.

D'autres, qui se terminent par **–er**, prennent un accent grave sur le **–e** qui précède le **–r**.
Exemples : premi**er** – premi**ère**, fi**er** – fi**ère**.

Les **adjectifs de couleur** s'accordent en genre et en nombre, mais les noms employés pour exprimer une couleur et les adjectifs composés demeurent invariables. Exemples : Des jupes **bleues**, des chandails **turquoise**, des vestes **orange**.

Remplace le mot entre crochets par son équivalent féminin.

Une histoire à terminer

Un jour, j'ai eu envie d'inventer une histoire [fictif] _____ dans laquelle le

personnage principal, Isadora, serait une jeune fille douce et [naïf] _____.

Le visage pâle et les yeux bleus, elle arborerait une tignasse [roux] _____ qui

rappellerait celle d'un lion. Souvent vêtue d'une robe [incarnat] _____ aux fleurs

[marron] _____, Isadora aimerait se balader dans les bois avoisinants. Elle n'y irait

cependant jamais seule. Alexandre, son frère aîné, l'y accompagnerait en tout temps.

D'allure [fier] _____, Alexandre aurait les yeux noisette et le teint basané. Ses

cheveux, noir comme du jais, seraient bouclés et lui donneraient l'apparence d'un prince

sorti tout droit des contes des *Mille et une nuits*. Ensemble, ils s'aventureraient sur la route

[tortueux] _____ et exploreraient cette forêt [mystérieux] _____ et

remplie de secrets qu'ils garderaient jalousement pour eux. Un jour, alors que je rédigeais

cette histoire [fabuleux] _____, le syndrome de la page [blanc] _____

me frappa. Je ne pus, en conséquence, terminer cette histoire. La termineras-tu ?

L'ACCORD DE L'ADJECTIF AU FÉMININ

Remplace le mot entre crochets par son équivalent féminin.

Une sœur unique en son genre

Ah, je vous dis, ma sœur est vraiment quelque chose ! Elle se fait souvent l'[auteur] _____ d'actions [revendicateurs] _____, militant tantôt pour prolonger les vacances des étudiants, tantôt pour défendre leur droit de prendre plus souvent des pauses. Élève [frondeur] _____, elle n'hésite pas à repousser les limites de la patience des professeurs. Sa [nouveau] _____ tendance : s'armer de phrases [provocateurs] _____ et les déballer à qui veut bien l'entendre ! Elle pense que certaines de ses amies sont trop [mous] _____, qu'elles n'ont pas le courage de réclamer ce qui leur est dû. L'autre jour, son ennemie jurée, d'une humeur [querelleur] _____, est venue lui dire de cesser ses pitreries, sans quoi elle allait se plaindre au directeur. Affichant une bouille [moqueur] _____ et levant bien haut une main [vengeur] _____, ma sœur lui a répondu : « Tu feras bien ce que tu voudras ; après tout, nous vivons dans un pays démocratique, n'est-ce pas ? » L'ennemie, s'étant crue [supérieur] _____, voulu à ce moment-là fondre, comme de la glace au soleil !

L'ACCORD DE L'ADJECTIF AU FÉMININ

Les trucs de Youri

Les adjectifs se terminant par **–el, –(i)en, –on, –eil, –ul, –et, –ot, –il ou –s** au masculin doublent la consonne finale au féminin.

Exemples : actuel – actue**lle**, brésilien – brésilie**nne**, bon – bo**nne**, pareil – pareil**le**, nul – nu**lle**, muet – mue**tte**, sot – so**tte**, gentil – gentil**le**, gros - gro**sse**.

Les adjectifs se terminant par **–et** et **–ot** présentent toutefois quelques exceptions : inquiet – inquiète, complet – complète, discret – discrète, idiot – idiote, etc.

Remplace le mot entre crochets par son équivalent féminin.

Michel-Ange

Comme ma professeure d'arts est [gentil] _____ ! L'été dernier, elle nous a emmenés à Rome où nous avons admiré plusieurs œuvres de Michel-Ange. Avoir une occasion [pareil] _____, c'est génial ! Grand peintre, architecte, poète et maître-sculpteur de la Renaissance [italien] _____, on dit qu'il est le plus grand créateur des temps modernes. Il est célèbre, notamment, pour les fresques qu'il a peintes au plafond de la très [ancien] _____ chapelle Sixtine. Ces fresques, très [beaux] _____, représentent les 12 apôtres, ainsi que des histoires tirées des épisodes de la Genèse, le premier livre de la Bible. Époustouflée par une [tel] _____ beauté, j'en suis devenue presque [muet] _____ ! Il a aussi réalisé le tombeau du pape Jules II, mais son œuvre la plus connue est [nul, nulle] _____ autre que *David*, une statue en marbre blanc de Carrare mesurant 5,14 mètres. Elle représente [cet] _____ [éternel] _____ icône, un lance-pierre à la main, juste avant son combat contre Goliath. *La Pietà*, un autre grand chef-d'œuvre, incarne la [dévot] _____ Marie tenant, sur ses genoux, le corps de Jésus qu'on venait de descendre de la croix où il fut crucifié. Et moi qui croyais que *Pietà* signifiait « pied »... Que je suis [sot] _____ des fois !

Écris les mots qu'on te dicte.

À la recherche du krill antarctique

Mes confrères et moi, le capitaine La mer, sommes à la recherche d'un crustacé appelé krill antarctique. On trouve ces _____ invertébrés _____, dans les _____ tantôt calmes, tantôt _____, de l'océan austral. _____ la crevette, ils vivent en groupes ou essaims de 10 000 à 30 000 individus par mètre cube. Ils peuvent mesurer jusqu'à six centimètres et peser jusqu'à deux grammes. Grâce à des organes situés, _____, près des _____, sur certaines pattes et sur les quatre sternums dont ils sont constitués, les krills peuvent émettre une lumière jaune ou verte ; de vrais petits _____ ! Ils se nourrissent _____ de _____ marins, tel que le phytoplancton, et peuvent vivre jusqu'à l'âge de six ans. Cela fait _____ une semaine que nous naviguons à bord de nos _____ sur ce vaste océan, à la recherche du krill, bravant les vents _____ qui nous font trembler les _____ et nous obligent à sortir _____ nos _____. Pour nous épargner _____ des _____, j'ai apporté tout le matériel nécessaire à l'étude de cette étonnante petite bête. Les krills doivent lutter pour subsister en raison de la pollution humaine. En effet, les changements climatiques ayant _____ contribué à réduire leurs sources de nourriture et à rendre nos océans de plus en plus acide, ils doivent _____ s'adapter. Fait intéressant, l'une de mes collègues croient que les krills ont trouvé un moyen de contrer les _____ causés par l'humain : ils muent pour réduire leur taille !

Les trucs de Youri

Le **pluriel** des noms et des adjectifs est généralement formé en ajoutant un **–s** au singulier.

Exemples : Des filles charmantes, de bons élèves.

Les noms et adjectifs masculins se terminant par **–s, –z ou –x** au singulier ne changent pas au pluriel.

Exemples : Un gaz - des gaz, une souris - des souris, un lépreux – des lépreux.

Les noms et adjectifs en **–au, –eu,** et **–eau** au singulier prennent un **–x** au pluriel.

Exemples : Un tuy**au** – des tuy**aux**, un av**eu** – des av**eux**, nouv**eau** – nouv**eau**x.

Exceptions : bleus, émeus, landaus, pneus, sarraus, etc.

Accorde le mot qui figure entre crochets et écris-le sur la ligne prévue à cet effet.

D'où vient l'Halloween ?

Il y a plus de 2 500 ans, on célébrait, chez les [Gaulois] _____ , une

fête [intitulé] _____ « Samain ». Comme l'année gauloise se terminait

le jour du 31 octobre, les [habitants] ramenaient les [troupeau] _____

aux [étable_____ et remerciaient le Soleil de leur avoir procuré de

[généreux] _____ récoltes. Le soir du 31 octobre, tous les habitants du

village se réunissaient pour célébrer et exécuter un rituel pour chasser les [mauvais]

_____ esprits. On servait à manger, pour l'occasion, deux [taureau]

_____ [blanc lié] _____ par les cornes. Les Gaulois

portaient un costume et un maquillage [apeurant] _____ pour effrayer les

esprits. La fête pouvait durer jusqu'à 15 jours ! Dans le calendrier catholique, la fête de

« Samain » fut éventuellement déplacée au 2 novembre. Toutefois, le nom Halloween, terme

qui fut inventé vers à peu près la même période, nous est resté. Il provient des termes

[anglais] _____ « All Hallow's Day », qui se réfère à la Toussaint,

en français, et « All Hallow E'en », à la nuit sainte qui précède l'Halloween.

L'ACCORD DU NOM ET DE L'ADJECTIF AU PLURIEL

Les trucs de Youri

Les **noms et adjectifs** en **–ou** prennent généralement un **–s** au pluriel, sauf : bijou, caillou, chou, genou, hibou, joujou et pou qui prennent un **–x**.

La plupart des noms en **–ail** prennent aussi un **–s** au pluriel, sauf quelques noms dont le pluriel se change en **–aux**.

Exemples : travail - travaux, corail – coraux, vitrail – vitraux, etc.

Les noms et adjectifs en **–al** font généralement **–aux** au pluriel.

Exemples : Un journ**al** – des journ**aux**, un bulletin nation**al** – des bulletins nation**aux**

Exceptions : b**als**, récit**als**, fat**als**, nav**als**, etc.

Accorde le mot qui figure entre crochets et écris-le sur la ligne prévue à cet effet.

Des mammifères peu connus

Il existe, dans la nature, des [animal] _____ dont on entend peut-être moins

souvent parler mais qui sont tout de même fascinants. Les [narval] _____,

par exemple, sont de grands [mammifère] _____ [pacifique] _____

des eaux [glacial] _____ de l'Arctique. Les mâles sont [pourvu] _____

d'une incisive gauche longue et [spiralé] _____ qui ressemble

étrangement à la corne d'une licorne, d'où leur surnom « licornes de mer ». Rapides et [agile]

_____, ils prennent part à des combats [brutal] _____ en croisant

leur défense pour attirer la femelle. Les [serval] _____ sont de petits félins

vivant dans la savane [africain] _____ et dont l'allure rappelle celle d'un petit

guépard ou d'un léopard. Quelques [détail] _____ intéressants : ils sont très

[intelligent] _____ et sont habiles dans l'art de résoudre les problèmes.

Ils déjouent facilement leurs proies et [échappe] _____ souvent

à leurs prédateurs ; de vrais [filou] _____ !

L'ADVERBE

Les trucs de Youri

Un **adverbe** est un mot invariable qui modifie, entre autres, un verbe, un adjectif, une préposition ou un autre adverbe. Il peut être placé avant ou après le mot qu'il modifie.

Exemples : Tu travailles **fort**. Vous êtes **assez** gentil. Il va **très bien**.

(verbe) (adv.)   (verbe) (adv.)   (verbe) (adv. 1) (adv. 2)

Il existe deux types d'adverbes : *simples* (un seul mot) et *composés* (plusieurs mot).

Les adverbes servent à exprimer : *la manière* (doucement, énormément), *le lieu* (ici, devant, derrière), *le temps* (aujourd'hui, demain), *la quantité ou* l'intensité (beaucoup, peu), *l'affirmation* (certainement, oui), *la négation* (aucunement, non, ne... plus, ne... rien), *le doute* (probablement, peut-être) et *l'interrogation* (combien ?, quand ?, pourquoi ?).

Écris les mots qu'on te dicte.

El dia de los Muertos

El dia de los Muertos ou « le Jour des morts » est une fête mexicaine qui a lieu chaque année les 1ᵉʳ et 2 novembre. Cet événement, qui dure _____ deux jours, est l'occasion idéale pour les Mexicains de célébrer en famille. _____ les Aztèques avaient coutume de se rendre _____ au cimetière de leur communauté pour chanter et danser sur les tombes de leurs défunts. Ils décoraient _____ les tombes en y déposant des offrandes, la croyance voulant qu'on comble les besoins qu'avaient les personnes décédées dans l'au-delà. _____ on nettoie les tombes et on les décore _____ en y mettant des bougies et des fleurs orangées appelées *Zempaxuchiti*. De plus, on souligne, le 31 octobre, l'arrivée des âmes des enfants. Ces derniers se déguisent en vampires, en momies ou d'autres morts-vivants, transportant une citrouille dans leurs mains et s'exclamant *calaveras !* toutes les fois qu'ils sollicitent les gens pour des friandises. _____ l'idée de rendre hommage aux morts _____ ! Cette fête, que l'on fête au Mexique, ressemble _____ à celle qu'on célébrait _____ chez les Hurons _____ ont-elles les mêmes origines ?

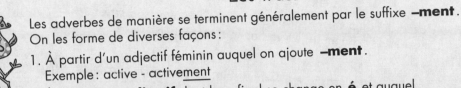

Les trucs de Youri

Les adverbes de manière se terminent généralement par le suffixe **–ment**.
On les forme de diverses façons :

1. À partir d'un adjectif féminin auquel on ajoute **–ment**.
   Exemple : active - active**ment**

2. À partir d'un **adjectif** dont le **e** final se change en **é** et auquel on ajoute **–ment**. Exemple : aveugle – aveugl**é**ment

3. Les adjectifs se terminant par **–ent** font **–emment** une fois transformés en adverbes.
   Exemple : évident – évid**emment**

4. Les adjectifs se terminant par **–ant** font **–mment** une fois transformés en adverbes.
   Exemple : constant – consta**mment**

Exceptions : gentil (gen**t**iment), bref (bri**è**vement), impuni (impun**é**ment), etc.

Forme un adverbe à partir de l'adjectif.

L'invention de l'imprimerie

On doit l'invention des caractères chinois mobiles en argile à Bin Sheng qui, au 11e siècle, a [complet] _____ transformé les méthodes de production des manuscrits utilisées [traditionnel] _____ à l'époque. Des caractères en bois sont apparus un peu plus tard, puis, vers 1234, le Coréen Choe Yuu-Ui a conçu des caractères mobiles en métal. [Contraire] _____ à ce que la plupart des gens croient, Johannes Gutenberg ne fut pas le premier à inventer les caractères d'imprimerie. Toutefois, on ne peut nier le fait qu'il ait [grand] _____ contribué à propager les textes et les savoirs en Europe. Au Moyen Âge, c'était [principal] _____ les moines qui rédigeaient à la main tous les manuscrits; et il leur fallait en moyenne un an pour compléter chaque projet! Grâce à la presse qu'inventa Gutenberg, une page de livre pouvait dorénavant être imprimée en quelques heures [seul] _____. Ce fut [incontestable] _____ l'un des événements les plus marquants de la Renaissance.

L'ACCORD DU VERBE AVEC « JE »

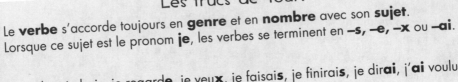

Les trucs de Youri

Le **verbe** s'accorde toujours en **genre** et en **nombre** avec son **sujet**.
Lorsque ce sujet est le pronom **je**, les verbes se terminent en **–s, –e, –x** ou **–ai**.

Exemples : je boi**s**, je regard**e**, je veu**x**, je faisai**s**, je finirai**s**, je dir**ai**, j'**ai** voulu,
je sui**s** parti, que je sach**e**, etc.

Écris les verbes qu'on te dicte sur la ligne prévue à cet effet.

Qui suis-je?

Écossais d'origine, je _____ reconnu comme l'inventeur officiel du téléphone.

En 1870, j' _____ au Canada avec mes parents, et nous nous installons à

Brantford, en Ontario. L'année suivante, je _____ enseigner dans une école

pour malentendants à Boston, aux États-Unis. Je _____ au Canada tous les

étés jusqu'en 1876, année où j' _____ mon premier test interurbain entre les

villes de Brantford et de Paris en Ontario. C'est là que je _____ à transmettre,

dans une direction seulement et au moyen de ce qui va plus tard devenir le téléphone, une

phrase que mon jeune assistant, Thomas A. Watson, peut entendre nettement de la pièce

attenante où il se trouve. Quelques instants plus tard, je _____ la réponse par

télégraphe. Les Canadiens et les Américains ont longtemps essayé de s'approprier l'invention

du téléphone, les premiers affirmant que j' _____ Canadien – ce que je ne

_____ officiellement qu'en 1882 - les seconds, que j' _____

Américain. Pour ma part, je _____ que « le téléphone a été conçu à

Brantford, mais qu'il est né à Boston ». Mon nom : Alexander Graham Bell !

Écris les mots qu'on te dicte.

Des instruments de mesure du temps

_____ qu'il y _____ environ quatre mille ans, les gnomons –
une sorte de bâtons qu'on _____ dans le sol et qui _____ leur
ombre dans une direction donnée selon l'heure de la journée – _____ utilisés
chez les Chinois et plus tard, par les Babyloniens? Les gnomons _____ les
ancêtres de la montre. Ils _____ néanmoins progressivement remplacés par
les cadrans solaires. Sur ces cadrans qu'on _____ d'un « stylet » (dont la
fonction _____ similaire à celle du gnomon) _____ des lignes
servant à lire l'heure. Seul inconvénient: il _____ impossible de lire l'heure
la nuit! Chez les Égyptiens, 1500 ans avant Jésus-Christ, on _____ d'un outil
de mesure du temps appelé clepsydre, un ancêtre du sablier. Constitué de deux vases dans
lesquels _____ une certaine quantité d'eau, cet engin _____
aussi de lire l'heure. _____ au courant que, vers les années 725 avant Jésus-
Christ, un moine bouddhiste _____ la première horloge astronomique? Grâce
à cette horloge, on _____ lire les déplacements de la Lune et du Soleil par
rapport à la Terre. L'invention de l'horloge mécanique _____ à l'an 1275,
mais on ne la _____ toutefois qu'aux 17e et 18e siècles. Enfin, la montre-
bracelet telle que nous la _____ aujourd'hui _____ inventée
en 1904 par le célèbre horloger français Louis Cartier et son compère suisse, Hans Wilsdorf.
Si Cartier et Wilsdorf _____ encore vivants, ils _____ sans
doute: « _____ -vous votre montre autour du poignet gauche ou droit? »

L'ACCORD DU VERBE AVEC « TU »

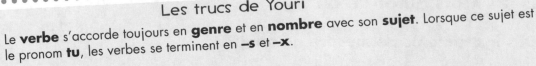

Les trucs de Youri

Le **verbe** s'accorde toujours en **genre** et en **nombre** avec son **sujet**. Lorsque ce sujet est le pronom **tu**, les verbes se terminent en **–s** et **–x**.

Exemples : tu boi**s**, tu regarde**s**, tu veu**x**, tu a**s** lu, tu jouera**s**, tu parlai**s**, tu écrirai**s**, que tu marche**s**, etc.

Écris les verbes qu'on te dicte sur les lignes prévues à cet effet.

La bande dessinée

_____ un amateur de bandes dessinées? Si oui, en _____ beaucoup? Tu _____ étonné d'apprendre que la publication de la première bande dessinée québécoise remonte possiblement à la fin du 19ᵉ siècle. Apparemment, on en a recensées dans un journal humoristique appelé *Le Canard*. _____ le terme phylactère? C'est une bulle dans laquelle on inscrit ce que disent les personnages. Parfois, trois petits cercles de différentes grosseurs se trouvent sous la bulle; _____ tu ce qu'ils signifient? Ils indiquent que le personnage est en train de songer ou de rêver à quelque chose. Tu ne le _____ peut-être pas, mais le premier phylactère serait apparu, au Québec, dès 1855! Il existe beaucoup d'amateurs de bandes dessinées dans le monde et, par le fait même, un grand nombre de bandes dessinées. _____ parler des *Aventures de Tintin* de Hergé, l'illustrateur et bédéiste belge? Est-ce que tu _____ *Les aventures d'Astérix le Gaulois* des Français Goscinny et Uderzo? Sinon, _____ qu'Astérix a connu le plus grand succès du monde de la bande dessinée! Mais revenons chez nous, si tu le _____ bien… Nous aussi nous avons de bons bédéistes! Jean-Paul Eid, par exemple, est connu notamment pour sa série *Jérôme Bigras*. _____ donc qu'à cinq ans, il créait déjà des albums de bandes dessinées avec du papier construction et des crayons à colorier!

Les trucs de Youri

Le **verbe** s'accorde toujours en **genre** et en **nombre** avec son **sujet**.
Lorsque ce sujet est **il**, **elle** ou **on**, les verbes se terminent en **–d, –a, –t,** ou **–e**.

Exemples : Il pren**d**, elle fi**t**, on fer**a**, il pouvai**t**, elle mangerai**t**, qu'on viv**e**

Écris les verbes qu'on te dicte sur les lignes prévues à cet effet.

Le Dalaï-Lama

Savais-tu que le plus haut chef spirituel des Tibétains _____ le Dalaï-Lama ? On _____ qu'il _____ la manifestation du *bodhisattva* de la compassion ou « le seigneur qui _____ ». Dans la philosophie bouddhiste, le terme *bodhisattva* _____ un être hautement spirituel ayant renoncé, par compassion, au nirvana afin de sauver autrui. Le Dalaï-Lama _____ aussi le chef politique du gouvernement du Tibet depuis le 17ᵉ siècle. Toutefois, le gouvernement tibétain _____ en exil à Dharamsala, en Inde. En 1950, soit un an après sa rencontre avec Mao Tsé Toung, le chef du parti communiste chinois de l'époque, Tenzin Gyatso, 14ᵉ Dalaï-Lama, _____ , à 15 ans, le chef d'état du Tibet. Le peuple tibétain _____ obtenir l'indépendance de son pays mais les Chinois tentent de coloniser et d'exploiter le Tibet qu'ils considèrent désormais comme un état chinois. La nation tibétaine _____ longtemps l'oppression des troupes militaires chinoises envoyées en 1950 par Mao Tsé Toung afin de décourager les mouvements séparatistes au Tibet. Tenzin Gyatso, l'actuel Dalaï-Lama et récipiendaire du Prix Nobel de la Paix, _____ depuis de trouver un moyen pacifique de résoudre le conflit. En attendant, il _____ continuer de vivre en exil.

L'ACCORD DU VERBE AVEC « NOUS »

◇ ◇ ◇ ◇ ◇ ◇ ◇ ◇ ◇ ◇ ◇ ◇ ◇ ◇ ◇ ◇ ◇

> **Les trucs de Youri**
>
> Le **verbe** s'accorde toujours en **genre** et en **nombre** avec son **sujet**. Lorsque ce sujet est le pronom **nous**, les verbes se terminent en **–ons**.
>
> Exemples : nous fêt**ons**, nous ir**ons**, nous éti**ons**, nous av**ons** eu, nous feri**ons**, que nous dansi**ons**, etc.
>
> **Exception** : nous sommes.

Écris les verbes qu'on te dicte sur les lignes prévues à cet effet.

L'art haïda

Savais-tu que nous, les Haïdas, _____ reconnus dans le monde entier

pour nos sculptures, nos totems, nos pirogues, notre travail du métal et de l'argilite,

de même que pour notre vannerie ? Autochtones de la région du Pacifique Nord, nous

_____ dans les îles de la Reine-Charlotte ou *Haida Gawaii* qui signifie

« îles du peuple » en langue haïda. Nous nous _____ de l'océan pour

créer notre art. En effet, nous _____ avec des mammifères marins

tels que des otaries, des épaulards et les légendaires loups de mer, de même qu'avec

des requins et des flétans. Nous _____ surtout ces animaux sur nos

totems, mais ils peuvent aussi figurer sur d'autres objets d'art. Les matériaux dont nous nous

_____ sont le cèdre, pour la fabrication des mâts, masques et pirogues ;

l'écorce de cèdre et la racine d'épinette pour les chapeaux ; les coquillages pour les

couvertures et les masques. Bien que le mot art n'existe pas dans notre langue, cette tradition

est présente dans nos cérémonies, lorsque nous _____ le totem d'une

famille par exemple, dans les masques utilisés dans la danse et dans l'emblème des membres

d'un clan.

Les trucs de Youri

Le **verbe** s'accorde toujours en **genre** et en **nombre** avec son **sujet**. Lorsque ce sujet est le pronom **vous**, les verbes se terminent en **-ez**.

Exemples : vous pren**ez**, vous fer**ez**, vous lisi**ez**, vous écriri**ez**, que vous songi**ez**, etc.
Exception : vous **êtes**.

Écris les verbes qu'on te dicte sur les lignes prévues à cet effet.

Le schéma narratif

Vous _____ envie d'écrire une histoire ? Eh bien, voici quelques trucs qui vous aideront à bien la structurer. En premier lieu, vous _____ déterminer si ce sera sous forme d'un conte, d'une nouvelle ou d'un roman que vous

vos aventures. Quand vous _____ choisi le type de texte qui vous convient, vous

_____ qui sera votre héros ou votre héroïne, ses adjuvants – c'est-à-dire, ses alliés – ses opposants et l'objet de sa quête. En second lieu, vous _____

quels seront la situation initiale, l'élément déclencheur, les péripéties, le dénouement et la situation finale. Par exemple vous _____, dans la situation initiale, tous les éléments nécessaires pour faire démarrer votre récit (description des lieux, des personnages, de l'ambiance, etc.). Vous _____ soin de trouver un bon élément déclencheur qui viendra perturber l'équilibre qui règne lors de la situation initiale. Pour les péripéties, qui sont engendrées par l'élément déclencheur, vous _____ les actions qu'entreprendra votre héros ou héroïne en vue d'atteindre son but. Vous _____ à un dénouement original en mettant fin à toute action et en laissant présager quelle sera la fin de l'histoire. En dernier lieu, vous _____ votre histoire de façon dramatique (tragédie), humoristique (comédie) ou tout simplement de façon positive. Alors,

_____-vous pour commencer ? À vos crayons !

◇ ◇ ◇ ◇ ◇ ◇ ◇ ◇ ◇ ◇ ◇ ◇ ◇ ◇ ◇ ◇ ◇

Les trucs de Youri

Le **verbe** s'accorde toujours en **genre** et en **nombre** avec son **sujet**. Lorsque ce sujet est **ils** ou **elles**, les verbes se terminent en **–nt**.

Exemples : ils parle**nt**, ils prendro**nt**, ils o**nt** fait, ils dormiraie**nt**, etc.

Écris les verbes qu'on te dicte sur les lignes prévues à cet effet.

Les icebergs

Du norvégien *isberg* qui veut dire, montagne de glace, les icebergs _____ des masses de glace qui _____ d'un glacier au cours d'un processus qu'on appelle vêlage. Parfois, cette fragmentation peut être engendrée par la collision d'un iceberg avec une autre masse de glace. Il existe plusieurs types d'icebergs, dont les tabulaires et les irréguliers. Les premiers _____ surtout présents dans l'Antarctique. Ils _____ la forme d'une grosse plateforme de glace horizontale, _____ en moyenne une dizaine de kilomètres carrés et _____ habituellement une centaine de mètres d'épaisseur. Les seconds _____ les eaux côtières du Groenland et dans le Nord du Canada. Les bourguigons _____ les plus petits icebergs qui_____. Les diverses teintes de bleu des icebergs _____ leur ancienneté : plus ils _____ foncés, plus ils sont vieux. Parfois aussi, ils _____ des teintes rouges, vertes ou orangées. Cela est causé par des algues appelées diatomées. La majorité des icebergs _____ des fjords du Groenland. Ils _____ grâce à l'action des vagues, des marées, des courants marins et des vents. C'est au cours de leur voyage dans la mer qu'ils _____ leur forme irrégulière.

Écris la dictée qui te sera donnée par quelqu'un de ton choix.

Écris ce qu'on te dicte.

L'enquête Kirigol

– Bonjour ! _____ _____ l'inspecteur Kirigol. _____ actuellement sur le mystérieux vol d'une clé et _____ _____ quelques questions. _____ _____ bien _____ l'incident s'il vous plaît ?

– Eh bien… _____ au restaurant *Chez Ferdinand* et je _____ à déjeuner lorsqu'un homme à l'allure suspecte s'est levé et a fait mine d'aller chercher son manteau au vestiaire. Je _____ tout à coup glisser sa main dans la poche d'un manteau _____ appartenir à une femme. _____ _____ une clé. Puis, il s'est empressé de _____ dissimuler dans sa poche de pantalon et a quitté le restaurant.

– _____ étiez-vous à ce moment-là ?-
_____.

– _____ d'autre aurait-il été témoin de la scène ?

– À ma connaissance, non. _____.

– _____, cet homme _____ vous parlez ?

– Tout à fait. Il a les cheveux noirs – il _____ porte longs. _____ _____ environ un mètre quarante-cinq.

– _____ avez-vous adressé la parole ?

– Non.

– _____ semble-t-il l'avoir déjà vu quelque part ?

– Peut-être. Il est _____ _____ _____ effectivement déjà rencontrés.

– Quand vous avez téléphoné aux policiers, _____ avez-vous tout dit _____ vous venez de me dire ?

– Oui. Enfin… non. J'ai omis de _____.

– Ah bon ?

– Une femme était à la toilette lorsqu'il a pris la clé. Elle est sortie après _____ et _____ dans la voiture qui était stationnée devant le restaurant. Elle portait le manteau dans la poche _____ il avait subtilisé la clé. C'est à ce moment-là que j'ai réalisé qu'elle devait être sa femme !

L'ACCORD DE TOUT

Les trucs de Youri

TOUT peut être :
- un déterminant défini ou indéfini. Dans ce cas, il s'accorde avec le nom ou le pronom qui suit.
  Exemples : **Tout** le monde. **Toute** la matinée. **Tous** les jours. **Toutes** les demi-heures.
  Tout ceci n'est qu'une illusion.

  Note : le **s** de **tous** est muet.
- un adverbe. Ici, il a le sens de « tout à fait » ou « entièrement » et il est variable devant un adjectif féminin qui commence par une **consonne** ou un **h** aspiré. Dans les autres cas, il est invariable.
  Exemples : Je suis **toute** surprise. Elle était **toute** honteuse. Nous sommes **tout** éton**nées**, **tout** heureuses.
- un pronom indéfini. Exemples : Nous avons **tout** fini. Ils sont **tous** prêts.
- un nom. Ceci constitue un **tout**. Ils forment des **touts**.

Écris la forme appropriée de TOUT sur les lignes prévues à cet effet.

Ah ! Les vacances !

[Tout] _____ les étés, mes parents, mon frère et moi partons en vacances pour deux

semaines. Avant le départ, nous nous assurons toujours d'apporter avec nous [tout] _____

ce dont nous aurons besoin : vêtements chauds – pour les soirées plus fraîches – maillots de

bain, crème solaire et serviettes de plage pour la baignade, articles de sports, iPod, etc.

Comme les membres de ma famille ont [tout] _____ des intérêts différents, il faut trouver

des activités qui plaisent à [tout] _____ le monde et ça, c'est [tout] _____ une tâche !

Mon père peut passer [tout] _____ la journée à se prélasser au soleil et à nager dans

l'eau, alors que ma mère préfère trouver un coin tranquille et ombragé où elle peut lire et se

reposer. Quant à mon frère, il aime saisir [tout] _____ les occasions qu'on lui offre pour

explorer les alentours. Et moi ? Eh bien, j'aime écrire, tantôt à l'ombre, tantôt au soleil. J'aime

aussi me rafraîchir en faisant de la plongée et découvrir [tout] _____ sortes de trésors

cachés au fond de l'eau. Juste à y penser, et je suis [tout] _____ excitée !

LES PRONOMS INDÉFINIS

◇◇◇◇◇◇◇◇◇◇◇◇◇◇◇◇◇◇

Écris ce qu'on te dicte.

Séismes et sismographes

Les séismes sont un phénomène naturel causé par la collision des plaques tectoniques. Ces plaques se situent sous la mer et les continents et se déplacent lentement dans toutes les directions. _____ vers le haut et _____, vers le bas, alors que _____ vers le côté. _____ qu'elles _____, ce qui provoque des vibrations de forte amplitude et engendre des secousses sismiques. _____ que ces vibrations _____ de l'épicentre, endroit où l'ampleur du séisme est le plus grand. Au Canada, les régions où _____ le plus grand nombre de séismes _____, la Côte Ouest, le Yukon, l'Arctique et l'Est du Canada. Ici, au Québec, ce phénomène se produit surtout dans les régions de Charlevoix, Gatineau et Sept-Îles. Pour mesurer les ondes sismiques, _____ à des sismographes. _____ _____ d'une charge suspendue à un ressort et à laquelle est fixée une plume qui enregistre toute vibration sur un rouleau de papier. _____ a entendu parler de l'échelle de Richter sait _____ l'intensité des séismes. Elle est graduée de 0 à 9 et à chaque degré la force du tremblement de terre est multipliée par dix. _____ que des séismes d'intensité six ou sept peuvent causer beaucoup de dommages.

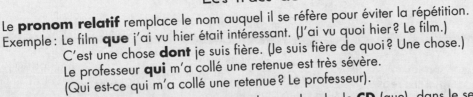

Les trucs de Youri

Le **pronom relatif** remplace le nom auquel il se réfère pour éviter la répétition.
Exemple : Le film **que** j'ai vu hier était intéressant. (J'ai vu quoi hier ? Le film.)
C'est une chose **dont** je suis fière. (Je suis fière de quoi ? Une chose.)
Le professeur **qui** m'a collé une retenue est très sévère.
(Qui est-ce qui m'a collé une retenue ? Le professeur).

As-tu remarqué que, dans le premier exemple, on cherche le **CD** (que), dans le second, le **CI** (dont) et dans le dernier, le **sujet** (qui) ?

Enfin, les pronoms relatifs se divisent en deux catégories : simples (**qui, que, quoi, dont, où**) et composés (**lequel, laquelle, lesquels, lesquelles, auquel, à laquelle, auxquels, auxquelles, duquel, de laquelle, desquels, desquelles**).

Écris ce qu'on te dicte.

Le système électoral canadien

Notre parlement est constitué de la reine, du Sénat et de la Chambre des communes.

La Chambre des communes compte 308 sièges _____ entre les provinces

selon leur population. C'est là _____ les lois fédérales et examine les

projets de loi. Le Sénat revoit les lois et les projets de loi _____ les ministres et les

députés proposent à la Chambre des communes et s'oppose à toute mesure _____

_____ selon les règles ou, _____ avoir

été faite trop rapidement. Le Sénat compte 105 membres indépendants ou issus de divers

partis politiques _____ par le gouverneur général sur recommandations

du premier ministre. Toutes les provinces et tous les territoires y sont représentés. En

temps d'élections, les citoyens canadiens ont le devoir d'aller voter. La population élit

un député par circonscription, pour un total de 301 membres _____

_____. Le parti

politique _____ le plus grand nombre de députés est élu devient le parti au pouvoir,

et son chef, le premier ministre. Celui-ci choisit les membres _____ de son

cabinet – les ministres – _____ de

chacune des provinces du Canada. Le second parti _____ le plus grand nombre

de représentants élus devient l'Opposition officielle.

LES PRONOMS PERSONNELS LE, LA, LES, L', LUI, LEUR, EN ET Y

Écris ce qu'on te dicte.

Petite histoire du chocolat

Sais-tu d'où provient le chocolat? Originaire d'Amérique du Sud et Centrale, le fruit du cacaoyer, la cabosse de cacao, est cultivé depuis près de trois millénaires. Cette cabosse renferme les fèves de cacao qui sont à la base de la fabrication du chocolat. Ainsi, il faut d'abord faire fermenter les fèves, puis _____ – un procédé qui consiste à _____ appelée brûleur ou torréfacteur pour _____ _____ et une odeur grillés voire, un peu calcinés. Ensuite, on broie les fèves pour former une pâte de cacao liquide et on _____ de cacao. Pour confectionner le chocolat, il suffit de mélanger la pâte et le beurre de cacao avec un peu de sucre de canne. On _____ ajoute parfois aussi des épices, comme la vanille, pour _____ la saveur et _____. À l'origine, le cacao était apparemment consommé sous forme de boisson épicée par plusieurs peuples d'Amérique centrale, dont les Aztèques et les Mayas. Or, c'est avec la Révolution industrielle que le chocolat a été popularisé, les gens le _____ sous forme solide, ou liquide, comme le fameux chocolat chaud.

LES PRONOMS PERSONNELS ME, TE, SE, NOUS, VOUS

Écris ce qu'on te dicte.

Des guerriers forts et courageux

Soba ! Habarino ? Je suis Lemalian, un guerrier masaï et je viens du Masaï Mara, au Kenya. Grands, fiers et élancés, les guerriers masaï n'ont peur de rien. Autrefois, les colons européens et les autres tribus _____ _____. Pour déjouer l'ennemi, mes ancêtres chaussaient leurs sandales à l'envers ! Ils dissimulaient aussi le fer de leur lance avec de l'herbe pour éviter d'être repérés. Comme ils étaient rusés ! Est-ce que je _____ _____, j'ai dû participer à une cérémonie pour souligner mon passage de l'enfance vers l'adolescence ? Je _____ d'ornements éclatants et _____ _____, pour l'occasion, d'une shuka (une grande étoffe rouge à carreaux, semblable à celle que portaient les romains). Je _____ les cheveux et les ai enduit d'ocre rouge. Puis, j'ai dû _____. Aïe ! Mon père m'avait prévenu : « Fiston, surtout, ne _____ ! Si tu bouges, les autres vont penser que tu n'es pas assez brave et ils vont se mettre à te chanter toutes sortes de railleries. » En tout cas, pour être un vrai guerrier masaï, on doit exhiber sa force, son endurance et son courage. Pour ce faire, _____ en participant à une compétition appelée « danse du saut », où celui qui saute le plus haut est considéré comme le plus fort d'entre nous. Je _____ !

Écris les mots qu'on te dicte.

Le tango argentin

Le tango est une danse de salon dont les origines _____ à la fin

du 19ᵉ siècle. Ce _____ qui _____

en Argentine. Autrefois, le tango _____, comme celles

des immigrants africains et des femmes de mauvaise réputation. En effet, cette danse

_____ de Buenos Aires, capitale argentine, et de Montevideo,

capitale uruguayenne. Fruits de plusieurs styles musicaux, tels que les rythmes africains des

esclaves noirs uruguayens, les danses créoles indigènes de l'Argentine de l'époque et la

musique italienne et espagnole, le tango se _____ de tempos

et de styles rythmiques. Il _____ pour danser le tango, un

partenaire, et faire preuve de créativité car il s' _____ des pas,

mais plutôt de transmettre une émotion de façon improvisée. C'est dans les années 1920

et 1930 que le tango _____. Gardel, un musicien de renom

de l'époque _____ comme le père des *orquestas tipicas*, une

formation de quatre musiciens typique du tango. Le tango _____

_____ 1940 et 1950 et, dans les années 1960, il

_____ à prendre de la popularité à l'échelle internationale.

Aujourd'hui, on _____ tous les pays occidentaux.

LES PRONOMS INTERROGATIFS

Écris ce qu'on te dicte.

Des fleurs sauvages du Québec

_____ sur les fleurs sauvages au Québec ? Savez-vous, par exemple, _____ du muguet qui tapissent le sol de nos forêts ? À de petites clochettes ! Et, avec une fragrance aussi irrésistible, _____ ? Par ailleurs, savez-vous _____ de fleurs se réfèrent ? Au pape et aux poètes ! Présentes surtout dans les champs, ces jolies fleurs d'un rose foncé qu'on nomme monnaie du pape ne servaient pas, contrairement à ce que l'on pourrait croire, à faire du troc ! Préférant un endroit ombragé mais toujours visible aux passants, _____ selon vous, _____ est-il apparemment une source d'inspiration ? Enfin, le trille, bien que considéré comme une fleur sauvage du Québec, existe sous plusieurs formes, dont quelques-unes poussant en Ontario. L'un d'entre eux en est _____ ; _____ ? Le trille blanc !

L'INFINITIF PRÉSENT

◇ ◇ ◇ ◇ ◇ ◇ ◇ ◇ ◇ ◇ ◇ ◇ ◇ ◇ ◇ ◇ ◇ ◇

Les trucs de Youri

L'infinitif présent exprime une action sans recourir à l'usage d'un nom, d'un pronom, d'un nombre. C'est un mode impersonnel. Souvent, il peut être accompagné d'un pronom personnel.

Exemples : **Manger** sa pomme. **La** manger.

Il sert également à former l'infinitif passé. Parfois, il suit un autre verbe ou une préposition.

Exemple : Après **avoir** terminé mes devoirs, je suis allé **jouer** dehors.

Infinitif passé   passé composé   infinitif

Écris ce qu'on te dicte.

Le désert du Namib

_____ ou de dromadaire, les dunes

chaudes et dorées du plus vieux désert de la planète, quelle aventure ! Après

_____ et des kilomètres en voiture, nous

avions enfin atteint notre destination : la Namibie. Pour y _____

plus de 4 500 kilomètres sur des routes tantôt achalandées, tantôt quasi-désertes.

_____ aride et dénudé de toute vie – du

moins à première vue – nous envahissait soudainement d'un étrange sentiment

_____. Rapidement,

j'ai sorti mon appareil photo pour _____

ce magnifique paysage s'étendant à perte de vue devant nos yeux éblouis, et

_____ Aujourd'hui, lorsque j'admire à nouveau mes seuls

vestiges du désert du Namib, ça me donne envie d'y _____

Et toi, _____ ?

Les trucs de Youri

Les **verbes du 1ᵉʳ groupe** sont les plus nombreux. Ils ont un infinitif en **–er** et se conjuguent presque toujours de la même façon :

je parl**e**, tu mange**s**, il/elle/on jou**e**, nous ber**çons**, **vous** vers**ez**, ils/elles arrive**nt**, etc.

Les verbes en **–eler** et **–eter** se conjuguent comme « peler » et « jeter », c'est-à-dire qu'ils prennent un accent grave sur le **e**. Exemples : J'ach**è**te. Tu g**è**les. Elles p**è**lent.

Les verbes en **–ayer**, **–oyer**, et **–uyer** changent leur **y** pour un **i** devant un **e** muet. Exemples : Je nettoi**e** mais vous netto**y**ez. Tu t'ennuies. Elle fuit.

Attention : certains verbes comme **payer** peuvent se conjuguer avec un **y** ou un **i** : Je pa**y**e. Il paie.

Le verbe **aller** n'est pas un verbe du 1ᵉʳ groupe. C'est un **verbe irrégulier** !

Écris ce qu'on te dicte.

Que fait le marionnettiste ?

Pour devenir marionnettiste, il faut une bonne dose de créativité et beaucoup de dextérité.
En effet, c'est le marionnettiste qui _____, _____ leur
voix et _____ de celles-ci. Il _____
habituellement dans un grand théâtre national ou au sein d'une compagnie de production
télévisuelle. Il _____, des scénographes, des
éclairagistes, des ingénieurs de son, des compositeurs, des costumiers et des artisans
qui _____ les marionnettes pour lui. Les marionnettistes qui _____
_____ généralement travailler seuls ou avec
une petite équipe et voyager d'un endroit à l'autre – une école, un village ou une ville,
par exemple – pour présenter leurs pièces de théâtre. _____
_____ dur, car ils doivent tout faire eux-mêmes ! Tu _____
_____ ? Deviens marionnettiste ! Pour ce faire, il te faudra devenir l'apprenti
d'un autre marionnettiste plus expérimenté car, ici, au Canada, il _____
_____ domaine. Qui sait, peut-être deviendras-tu aussi célèbre
que Geppetto, le créateur de Pinnochio !

LES VERBES DES 2e et 3e GROUPES

◇◇◇◇◇◇◇◇◇◇◇◇◇◇◇◇◇◇

Les trucs de Youri

Les **verbes du 2e groupe** sont ceux qui se terminent en **–ir** et qui font **–issons** à la 1re personne du pluriel. Exemples : finir, désobéir, salir, remplir, élargir, accomplir, grandir, alunir, blanchir, réunir, etc. Les terminaisons sont : **–s, –s, –t, –issons, –issez, –issent**.

Les **verbes du 3e groupe** sont tous ceux qui ne se retrouvent ni dans le 1er groupe, ni dans le 2e. On peut les classer dans plusieurs sous-catégories pour en faciliter la conjugaison :

Les verbes en **–indre** (cra**indre**, fe**indre**, pla**indre**, etc.) se conjuguent en combinant le radical (**crain–, fein–, plain–, etc.**) et l'une des six terminaisons (**–s, –s , –t, –ons, –ez, –ent**). Exemples : Je crains. Nous fei**gnons**.

Attention : Il faut changer « **n** » pour « **gn** » au pluriel.

Les verbes en **–tre** (me**ttre**, ba**ttre**) se conjuguent en combinant le radical (**met–, bat–, etc.**) et l'une des six terminaisons (**–s, –s, –, –ons, –ez, –ent**). Exemples : Je met**s**. Tu bat**s**. Il me**t**. Nous batt**ons**.

Attention : il faut doubler le « **t** » aux pluriel.

Écris ce qu'on te dicte.

Les aurores boréales

Les aurores polaires sont un phénomène naturel des plus étonnants qui se _____

_____. Dans l'hémisphère nord,

_____aurores boréales, du latin *aurora borealis* qui

signifie lumière boréale. En Antarctique, on les _____ d'aurores

australes, parce que ce continent est situé dans l'hémisphère sud. Telle une large étoffe,

elles _____, des flots _____

_____ de protons et d'électrons qui s'échappent du Soleil.

Ces vents _____. Phénomène à l'orgine

des aurores polaires.

LES VERBES DES 2e et 3e GROUPES

Les trucs de Youri

Les verbes en **–aitre** (conn**aître**, p**aître**, par**aître**, n**aître**, etc.) se conjuguent en combinant le radical (**conn–**, **pai– parai–**, **nai–**, etc.) et l'une des six terminaisons (**–s**, **–s**, **–**, **–ons**, **–ez**, **–ent**).

Exemples : Tu conn**ais**. Elles naiss**ent**. **Attention** : il faut doubler le **s** aux pluriel.

Les verbes en **–oître** (cr**oître**, accr**oître**, etc.) se conjuguent en combinant le radical (**croî–/croiv**, etc.) et l'une des six terminaisons (**–s**, **–s**, **–t**, **–ons**, **–sez**, **–ent**). **Attention** : il faut doubler le **s** aux pluriel. Seul le verbe **croître** retient l'accent circonflexe sur le « **i** » devant le « t » pour le différencier du verbe croire.

Remarque:
On peut ajouter **des préfixes** à certains verbes pour en former d'autres qui se conjugueront selon le même modèle : **re–**, **dé–**, **ad–**, **trans–**, **per–**, etc. pour mettre ; **a–**, **com–**, **dé–** pour battre ; **mé–**, **re–** pour connaître ; **re–** pour paître ; **ap–**, **re–**, **dis–**, **com–** pour paraître ; **re–** pour naître ; **ac–**, **dé–** pour croître, etc.

Écris ce qu'on te dicte.

Les aurores polaires

As-tu déjà observé le phénomène des aurores polaires? Ces dernières _____

_____ si elles _____ d'un puits de lumière

céleste. Elle _____

leur danse astrale, exhibant leurs longs spectres lumineux, un spectacle saisissant qui

nous en _____. Les aurores polaires ne _____

_____ se_____.

De fait, il n'est pas rare qu'on les voie _____.

Certains peuplent _____sont en fait les esprits de

leurs ancêtres. _____ rien : ces derniers ne sont pas mauvais !

Écris ce qu'on te dicte.

Galilée

Galileo Galilei, de son vrai nom, _____

_____ italien. Alors que la plupart de ses confrères

scientifiques _____ que la terre se trouvait

_____, Galilée _____

la théorie de Nicolas Copernic _____ le Soleil

qui, _____ dans notre galaxie, la Terre et les

autres planètes – excepté la Lune –_____ autour de celui-ci.

Galilée _____ et _____

plusieurs avancées, notamment dans le domaine des mathématiques, de la cinématique

(l'étude de corps en mouvement soumis à diverses forces) et de la dynamique (l'étude du

mouvement des corps). Il _____ la nature de la

voie lactée – nom attribué à notre système solaire – et _____ les

étoiles de la constellation d'Orion. Il _____ que certaines

étoiles qui _____ visibles à l'œil nu _____

d'étoiles. Galilée _____ plusieurs ennemis, car

tous ne _____ hérétiques par les autorités

religieuses catholiques. Par exemple, il _____ que la glace

_____ l'eau, principe avec lequel plusieurs

communautés scientifiques _____. Somme toute, sa théorie

copernicienne _____ celle qui _____ la plus

_____, car elle _____ par l'église

catholique.

L'INDICATIF PRÉSENT

Conjugue au présent de l'indicatif les verbes qui te sont fournis entre crochets et écris-les sur les lignes prévues à cet effet.

India Desjardins

Journaliste aux magazines *Cool et Filles d'aujourd'hui* pendant environ dix ans et, plus récemment, auteure des romans *Les aventures d'India Jones* et *Le journal d'Aurélie Laflamme*, je [faire] _____ dorénavant ce dont j'ai toujours rêvé : être écrivaine. Avant de lancer, en *2005*, mon premier roman *Les aventures d'India Jones*, je rédigeais une chronique hebdomadaire intitulée Place à Miss Jiji publiée dans le cahier Week-end du *Journal de Montréal*. Puis, l'idée d'écrire une série de romans pour adolescents [commencer] _____ peu à peu à prendre forme dans mon esprit. J'[entreprendre] _____ de rédiger le premier livre de la série, *Extraterreste...ou presque* ! Par la suite, j'en écrirai cinq autres : *Sur le point de craquer*, *Un été chez ma grand-mère*, *Le monde à l'envers*, *Championne* et *Ça* [déménager] _____ ! Chaque tome [raconter] _____ les hauts et les bas d'Aurélie Laflamme, une adolescente de 14 ans dont le père est décédé et qui se [sentir] _____ un peu à part des autres. Elle [vouloir] _____, comme beaucoup de jeunes de son âge, trouver qui elle [être]_____ vraiment et elle [essayer] _____ de se tailler une place dans ce monde qu'elle [trouver]_____ à priori si peu invitant. Or, ses perceptions de la vie en général changeront bientôt du tout au tout... Tu [devoir] _____ absolument lire son journal : il est fascinant !

L'INDICATIF IMPARFAIT

Conjugue à l'imparfait de l'indicatif les verbes qui te sont fournis entre crochets et écris-les sur les lignes prévues à cet effet.

Le père du protestantisme

Martin Luther [être] _____ un prêtre allemand du Moyen Âge qui s'[opposer] _____ aux indulgences, cette pratique en vogue chez les habitants du pays qui [vouloir] _____ se repentir de leurs péchés, car elle [engendrer] _____ la corruption.

Et pour cause, les gens [remettre] _____ des sommes d'argent aux autorités religieuses et [obtenir] _____ leur pardon en échange. En 1517, Luther confronta l'Église mais il en fut par la suite exclu. Il ne [croire] _____ pas au rôle du pape et de l'assemblée des évêques au sein de la religion. Il [penser] _____ plutôt que seule la Bible [être] _____ une source d'autorité religieuse et que, par conséquent, les hommes n'[avoir] _____ guère besoin d'intermédiaires entre Dieu et eux pour être sauvés. Luther, qui [refuser] _____ de se conformer aux exigences de l'Église fut convoqué, en 1521, par le roi d'Espagne qui [vouloir] _____ l'empêcher de répandre de telles idées. Le protestantisme [commencer] _____ néanmoins à voir le jour et Luther initia malgré lui la Réforme qui [aller] _____ occasionner de grands changements dans le monde religieux.

L'INDICATIF PASSÉ COMPOSÉ

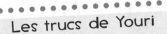

Écris ce qu'on te dicte.

Pythagore

Pythagore _____ pour son théorème : le théorème de Pythagore,

dont le principe formule que « dans un triangle rectangle, le carré de l'hypoténuse

_____ des carrés des deux autres côtés. » Il _____ au 6e siècle avant

Jésus-Christ à Samos, une île grecque de la mer Égée et située au sud-est d'Athènes. Il

_____, les mathématiques, mais également la musique et la philosophie.

Il_____, en Syrie, au Liban, en Égypte et à Babylone (aujourd'hui

une partie de l'Irak et de la Syrie), où il _____

en mathématiques. Si les travaux de recherche de Pythagore _____

_____ du théorème du même nom, il ne fut toutefois pas le _____

_____. En effet, les Babyloniens, bien avant lui, gravaient les longueurs

des côtés des triangles rectangles sur des tablettes d'argile. Qu'importe, Pythagore et ses

acolytes _____ des angles d'un

triangle était égale à 180º !

LE FUTUR PROCHE ET PRONOMS DÉMONSTRATIFS

◇ ◇ ◇ ◇ ◇ ◇ ◇ ◇ ◇ ◇ ◇ ◇ ◇ ◇ ◇ ◇ ◇ ◇ ◇

Les trucs de Youri

Le **futur proche** sert à exprimer un événement ou une action qui se produit dans un avenir proche. Il est formé du verbe **aller** et d'un verbe à **l'infinitif**.
Exemples : Je **vais dormir**. Nous **allons sortir**. Il peut être accompagné d'un pronom personnel : Vous allez **vous** amuser ; ou d'un infinitif présent : Je vais **devoir** partir.
Attention : un **mot écran** peut parfois séparer le sujet du verbe !
Les **pronoms démonstratifs** (ce, ceci, cela, celui, celle, ceux et celles) servent à montrer la chose ou la personne qu'ils représentent. Ils remplacent le nom auquel ils se réfèrent pour éviter la répétition. Exemples : J'aime bien **ce dessin**. C'est **celui** de mon amie Margot. **Ces fleurs** sont très jolie. Ce sont **celles** que je veux.
On peut ajoute les suffixes **–ci** et **–là** aux pronoms **celle/s** et **celui/ceux** pour différencier deux objets, ou en préciser la proximité ou l'éloignement. Exemples : Quel crayon préfères-tu ? Celui-**ci** ou celui-**là** ?

Écris ce qu'on te dicte.

Le Musée canadien de la nature

La semaine prochaine, _____ le Musée canadien de

la nature. J'ai hâte parce qu'on _____, en outre, des spécimens

vivants, des _____ du môle, un poisson du golfe du Saint-Laurent, et même

le squelette du plus gros mammifère de la planète, _____ ! Les expositions

diverses _____, en passant par le fonctionnement des

marées et la vie sur un navire de recherche, jusqu'aux caractéristiques de certains poissons,

tels _____. Nous allons apprendre aussi sur les roches

et les minéraux qui constituent la Terre, les mammifères canadiens (comme l'ours polaire) et

les oiseaux – il _____ ! Quand je lui ai

annoncé qu'on _____ la visite de ce musée, ma copine m'a lancé :

« Toi, tu _____ la Galerie des fossiles ! » « Il y a une galerie des

fossiles ? » me suis-je écriée, toute enthousiaste. Je _____ que _____

_____, car je suis une fanatique de dinosaures ! Ma sœur, elle, c'est une passionnée

des insectes, des araignées et autres petits animaux de la sorte. En tout cas, _____

_____ à l'Animalium !

Écris ce qu'on te dicte.

Pierre Elliot Trudeau

Homme politique, écrivain et avocat de droit constitutionnel, Pierre Elliot Trudeau

_____ du Canada de 1968 à 1979, et de 1980 à

1984. Issu d'une famille aisée, il était le fils d'un riche homme d'affaires canadien-français

et d'une femme de descendance écossaise. Il _____,

_____, la chance d'apprendre les

deux langues officielles , d'où son bilinguisme. Il avait 49 ans lorsqu'il _____

_____ comme chef du parti libéral et premier ministre du

Canada. Il _____ de 15 ans,

un exploit égalé seulement par Mackenzie King et John A. Macdonald. Cet ardent

fédéraliste canadien _____ de Maurice

Duplessis qui réclamait l'indépendance du Québec. Parmi ses nombreuses réalisations

comme premier ministre, il _____ la _Loi des mesures_

de guerre en réponse à l'enlèvement, pendant la Révolution tranquille, du diplomate

britannique James Cross et du ministre québécois Pierre Laporte. Il _____

_____ pour cette mesure qui confère au gouvernement fédéral le

pouvoir de procéder à toute arrestation, détention ou censure qu'il juge nécessaire. Si

Trudeau _____ la _Loi sur les langues officielles_, notre

héritage linguistique ne _____ aussi bien

protégé. Il _____ la Constitution au Canada et

_____ la Charte canadienne des droits et libertés pour nous donner

des droits. S'il était encore en vie, il _____,

à ceux qui se plaignent au sujet du fédéralisme canadien : « _____

_____. Les citoyens d'autres pays ont peu de droits, eux ! »

LES ADJECTIFS PARTICIPES

◇ ◇ ◇ ◇ ◇ ◇ ◇ ◇ ◇ ◇ ◇ ◇ ◇ ◇ ◇ ◇ ◇

Les trucs de Youri

Le **participe présent** est formé en ajoutant **–ant** au radical du verbe de la deuxième personne du pluriel.

Exemples : **écriv**ez – **écriv**ant, **mang**ez – **mang**eant, **produis**ez – **produis**ant, **pouv**ez – **pouv**ant, **finiss**ez – **finiss**ant.

Dans bien des cas, l'**adjectif participe** est orthographié de la même façon que le participe présent.

Exemples : Il se baignait, se **rafraîchissant** un peu dans cette chaleur aride. Ce jus est **rafraîchissant**.
(part. présent)   (adj. participe)

Attention cependant : certains adjectifs participes ont une graphie différente de celle du participe présent associé. Exemples : convainquant, fatiguant (part. passé) – convaincant, fatigant (adj. participe), etc.

Écris ce qu'on te dicte.

Le kiwi, un fruit renversant !

Originaire de Chine, ce fruit à la pulpe verte et sucrée et recouvert d'une peau poilue ne m'avait jamais attiré. « Avec ou sans la pelure, me disait ma mère,

_____, surtout un jour d'été

_____ ! » _____

dans l'art de persuader les gens, elle m'a affirmé, d'un ton plutôt _____,

_____

telles que je ne saurais refuser d'y goûter. « Le kiwi, mon cher fils, est très riche en vitamines C, A, et E, en calcium, en fer, en magnésium et en acide folique. De toute évidence, il constitue un _____

. » _____, je me résolu donc de tenter

l'expérience. Ce « merveilleux fruit », aux dires de ma mère, _____

_____

. De plus, il _____ que l'orange et serait plus

riche en potassium que la banane ! _____ au début, j'ai

rapidement développé un goût pour ce petit fruit rempli de _____,

_____ ainsi, chez ma mère, une joie des plus intenses !

Les trucs de Youri

Le **futur simple** sert à exprimer un événement ou une action qui aura lieu dans un avenir éloigné. Exemple : L'automne prochain, je **débuterai** ma première année du secondaire.

Le futur simple est formé des mêmes radicaux que le conditionnel présent. Les terminaisons, pour **tous** les verbes au futur simple, sont les suivantes :

Je	chanter**ai**	Nous	marche**rons**
Tu	fe**ra**s	Vous	pleure**rez**
Il/Elle/On	joue**ra**	Ils/Elles	craind**ront**

Conjugue au futur simple les verbes qui te sont fournis entre crochets et écris-les sur les lignes prévues à cet effet.

Au Cosmodôme

Cet été, ma sœur et moi [aller] _____ à Laval et [passer] _____ six jours

trépidants au camp spatial canadien. Nous [apprendre] _____ beaucoup de choses

au sujet de l'espace. En outre, nous [étudier] _____ le cosmos et la notion de gravité,

nous nous [familiariser] _____ avec les technologies de l'espace – comme le bras

canadien par exemple – et le travail des astronautes, nous [observer] _____ les

astres et les étoiles, et plus encore ! On [pouvoir] _____ même essayer les simulateurs

d'entraînement ! Puis, nous [finir] _____ la semaine en beauté avec une visite du

Centre des sciences où il nous [être] _____ possible de revivre l'histoire de

la conquête de l'espace, de faire un tour virtuel de la station spatiale internationale,

et de suivre l'exploration lunaire. Nous [accompagner] _____ -vous ?

LE CONDITIONNEL PRÉSENT

◇ ◇ ◇ ◇ ◇ ◇ ◇ ◇ ◇ ◇ ◇ ◇ ◇ ◇ ◇ ◇ ◇

Les trucs de Youri

Le conditionnel présent sert à exprimer : *un souhait, un désir*

Exemples : **J'aimerais** avoir un iPod. (*une marque de politesse*)

Pourriez-vous répéter s'il vous plaît ? (*un ordre poli*)

Tu **devrais** ranger ta chambre. (*une suggestion*)

Si nous étudiions plus, nous **obtiendrions** de meilleurs résultats. (*une condition*)

Les terminaisons pour **tous** les verbes au conditionnel sont les suivantes :

Je	**-rais**	Nous	**-rions**
Tu	**-rais**	Vous	**-riez**
Il/Elle/On	**-rait**	Ils/Elles	**-rient**

Conjugue au conditionnel présent les verbes qui te sont fournis entre crochets et écris-les sur les lignes prévues à cet effet.

Et si l'assurance maladie n'existait pas ?

Que [faire] _____ -nous sans l'assurance maladie ? Si ce système n'existait pas, il [falloir] _____ payer pour recevoir des soins médicaux. Ce [être] _____ comme dans les années 1900 : on [avoir] _____ à défrayer les coûts reliés aux soins de santé, à moins bien sûr d'être assez chanceux pour avoir un emploi dans une compagnie qui possèdait un régime d'assurance maladie. Chose certaine, il [faire] _____ bon vivre en Saskatchewan dans les années 1940 car on [bénéficier] _____ du régime publique d'assurance-hospitalisation mis sur pied par la province; et nous [être] _____ fiers d'être les pionniers dans ce domaine ! Si ce n'était pas de Woodrow Lloyd, premier ministre de la Saskatchewan, le projet de loi sur les soins médicaux [n'aboutir] _____ peut-être jamais, en 1962, à la création du régime publique d'assurance maladie – le tout premier en Amérique du Nord. Le 1ᵉʳ juillet 1968, nous [n'assister] _____ pas à l'entrée en vigueur de la *Loi sur l'assurance maladie*. Or, croyez-moi, si vous étiez né dans l'une ou l'autre des provinces canadiennes en 1972, vous [n'accourir] _____ pas chez le médecin chaque fois que vous êtes malade, car il vous en [coûter] _____ tout votre argent !

LE SUBJONCTIF PRÉSENT

Écris ce qu'on te dicte.

Le recyclage

Si tu veux faire ta part pour sauvegarder l'environnement, il est important _____

_____ et _____ le plus

de choses possible. Or, pour un recyclage efficace, il faut _____

quelques règles de base. Premièrement, il est nécessaire que _____

d'un grand bac conçu spécialement pour le recyclage et fourni par la ville où tu habites.

Deuxièmement, il faut _____ quels sont les articles qui

peuvent être recyclés. Le papier, le carton, le verre, le métal et le plastique en sont de bons

exemples. Attention cependant, il est possible _____ recyclables

s'ils ont été souillés par de la nourriture. Le papier ciré ou plastifié ne peut pas non plus

se recycler. Il faut que _____ bien les contenants pour

trouver le numéro, qui apparaît habituellement au centre d'un triangle formé par trois

flèches, le logo attribué au recyclage. Dans certaines régions, il est possible _____

_____ recyclés. Voilà, bon recyclage !

L'IMPÉRATIF PRÉSENT

Conjugue à l'impératif présent les verbes qui te sont fournis entre crochets et écris-les sur les lignes prévues à cet effet.

Une recette à s'en lécher les babines

Pour faire des muffins à l'érable, [préchauffer] _____ le four à 190 degrés Celsius puis [tamiser] _____, dans un grand bol, une cuillère à thé de poudre à lever, deux tasses de farine et une demie cuillère à thé de sel. Dans un autre bol, [combiner] _____ une demie tasse de beurre et une part égale de cassonade. À l'aide d'un batteur électrique, [mélanger] _____ bien jusqu'à l'obtention d'une consistance légère. [Ajouter] _____ ensuite deux œufs, une demie tasse de sirop d'érable et la même quantité de mélasse et [continuer] _____ de mélanger jusqu'à ce que tout soit bien lié. [Incorporer] _____ les ingrédients secs, puis [ajouter] _____ lentement une demie tasse de lait et un tiers de tasse de noix hachées en brassant. [Mettre] _____ la pâte dans des moules à muffins et [faire] _____ -les cuire de 20 à 25 minutes. Donne 12 gros muffins ou 24 petits.

Les trucs de Youri

Le **passé simple** sert à décrire une action (ou un événement) qui s'est produite à un moment précis dans un passé lointain. Cette action ou cet événement est entièrement complétée dans le passé et n'a aucun lien avec le présent.

Exemple : Walt Disney mourut le 15 décembre 1966.

Les terminaisons des verbes au passé simple sont les suivantes :

Je	–ai, –is, –us	Nous	–âmes, –îmes, –ûmes
Tu	–as, –is, –us	Vous	–âtes, –îtes, –ûtes
Il, Elle, On	–a, –it, –ut	Ils, Elles	–eurent, –irent, –urent

Conjugue au passé simple les verbes qui te sont fournis entre crochets et écris-les sur les lignes prévues à cet effet.

Un éminent écrivain

Né le 30 décembre 1865 à Bombay (Mumbai), aux Indes britanniques, Joseph Rudyard Kipling [être] _____ l'un des écrivains anglais les plus populaires des 19e et 20e siècles, reconnu notamment pour sa poésie et sa prose. Enfant, il [passer] _____ les cinq premières années de sa vie en Inde après quoi lui et sa sœur Alice [être] _____ envoyés en Angleterre pour y effectuer leurs études. En 1882, Kipling [retourner] _____ en Inde et [travailler] _____ pour le compte de journaux anglo-indiens. Quelques années plus tard, au terme d'une série de voyages, il [s'installer] _____ à Londres où il [épouser] _____ Caroline Balestier. Kipling et sa femme [faire] _____ plusieurs voyages, dont un au Vermont, États-Unis, où ils [élire] _____ domicile. Peu après la naissance de sa fille, Joséphine, Kipling [écrire] _____ *Le livre de la jungle*, qui [être] _____ publié en 1894 et [devenir] _____ sa plus célèbre collection d'histoires pour enfants. Cette œuvre demeure, à ce jour, l'un des plus grands classiques de la littérature pour enfants.

Écris ce qu'on te dicte.

Écris ce qu'on te dicte.

À la polyvalente

Savais-tu qu'avant l'école secondaire, telle qu'on la connaît aujourd'hui, il y avait la « polyvalente », _____ le jour en 1968 ? Il _____ que la vie à _____ pas très différente de celle des écoles secondaires actuelles. Même si les générations se succèdent, les jeunes _____, des mêmes aspirations. Quand _____ ! Avant le début du 19ᵉ siècle, _____ pas vraiment de système d'éducation. En Nouvelle-France, les filles faisaient leurs études primaires dans les écoles des Ursulines de Québec et les garçons pouvaient entreprendre des études « classiques » chez les Jésuites, les Récollets, les Sulpiciens ou les prêtres du Séminaire de Québec. _____ _____ les « écoles de fabrique », des _____ surtout dans les paroisses des villages. Ce n'est qu'en 1845 que _____ _____ sur pied, et en 1869 qu'on sépare les écoles catholiques et protestantes. À partir de 1943, les enfants de 6 à 14 ans _____ _____. Il _____ que, dans les années soixante, le gouvernement de Jean Lesage ait joué un rôle fondamental dans la modernisation de notre _____ le ministère de l'Éducation du Québec, les Cégeps et les polyvalentes. Même si les polyvalentes _____ plus, les Cégeps, eux, _____. C'est là que nous irons peut-être, toi et moi, après nos études secondaires !

Les trucs de Youri

Employé seul, **le participe passé** s'accorde comme un adjectif.
Exemple : **Affamée**, elle a mangé toute son assiette.

Parfois, il est précédé des auxiliaires être ou avoir au participe présent.
Exemple : **Ayant terminé** son travail, elle quitta la bibliothèque.
Étant arrivé le premier, il a commandé un jus.

Le **participe présent** se termine toujours en **–ant** et ne s'accorde jamais.
Exemple : **Voulant** lui faire plaisir, Anna l'a emmenée manger une crème glacée.

Il est parfois suivi d'un verbe à l'infinitif.
Exemple : **Prévoyant faire** ses devoirs à l'heure du dîner, Émilie décida de faire une pause.

Écris ce qu'on te dicte.

La Commedia dell' arte

Sais-tu d'où vient l'expression « un secret de polichinelle ? ». _____ de la Commedia dell'arte, un genre théâtral italien _____ au 16ᵉ siècle et dans lequel la plupart des personnages sont masqués, elle fait référence à Polichinelle, l'un des nombreux personnages de la pièce. _____ à garder un secret, Polichinelle – ou *Pulcinella*, qui signifie petit poussin en italien – est originaire de Naples, en Italie, et il symbolise la tromperie. En effet, tous s'en méfient car s'il a l'air gentil, il peut devenir un tueur à gages. D'autres personnages, aussi intéressants les uns que les autres, font partie de la pièce. Pantalon, par exemple, est un vieux marchand avare de Venise _____. Le Docteur, un Bolognais savant et médecin _____, quant à lui, le pouvoir intellectuel. Il est gras et _____. Valet originaire d'une partie de la ville de Bergame où les habitants ont la réputation d'être parfois sots, Arlequin _____ des enfants. À la fois naïf et rusé, vif et maladroit, il symbolise la fantaisie et le mouvement.

LE PARTICIPE PASSÉ EMPLOYÉ AVEC ÊTRE

◇ ◇ ◇ ◇ ◇ ◇ ◇ ◇ ◇ ◻ ◻ ◻ ◻ ◻ ◇ ◇ ◇ ◇

Les trucs de Youri

Le **participe passé employé avec être** s'accorde en genre et en nombre avec son sujet.
Exemple: Ils sont venu**s** chez moi.
Pour trouver le sujet, on peut poser les questions suivantes:
« **Qui est-ce qui?** » (pour une personne) et « **Qu'est-ce qui?** » (pour un objet).
Exemple: Ma mère a fait des gâteaux.
   (Qui est-ce qui a fait des gâteaux? Réponse: Ma mère = sujet)
Attention: Lorsque tu as un sujet masculin et un sujet féminin dans la même phrase, le participe passé s'accorde au masculin pluriel.

Écris ce qu'on te dicte.

Les origines de la tire Sainte-Catherine

La tire Sainte-Catherine, cette tire dorée sous forme de bonbon qui fond dans la bouche,

_____ 19e siècle, dans la Vallée du Saint-Laurent, non pas

par sainte Catherine elle-même, mais par Marguerite Bourgeoys, _____

_____ en Nouvelle-France pour y enseigner aux enfants français et

amérindiens. La tire Sainte-Catherine _____

était célébrée en Normandie, en France, le jour du 25 novembre, pour honorer la « sainte

patronne » des filles âgées de 25 ans et toujours célibataires. La coutume voulait que la

statue de sainte Catherine _____.

C'est la fille aînée de la maison qui était responsable de décorer la statue. L'expression

« coiffer sainte Catherine » _____ au

fait de demeurer « vieille fille » ou célibataire. Pourquoi honorer les célibataires? Eh bien,

parce que sainte Catherine, de son vrai nom « Catherine d'Alexandrie », légendaire

pour sa foi inébranlable envers la religion catholique, _____

_____. Épris d'elle, l'empereur Maximien voulut

l'épouser mais, devant son refus, il lui fit couper la tête.

LE PARTICIPE PASSÉ EMPLOYÉ AVEC AVOIR

◇ ◇ ◇ ◇ ◇ ◇ ◇ ◇ ◇ ◇ ◇ ◇ ◇ ◇ ◇ ◇ ◇ ◇

Les trucs de Youri

Le **participe passé** employé avec le verbe avoir s'accorde en genre et en nombre avec son complément direct. Exemples : **La pomme** que j'ai **mangée** était délicieuse.

$\qquad\qquad\qquad$ CD $\qquad\qquad$ Part. passé

Pour trouver le complément direct, on pose les questions **qui?** ou **quoi?** après le verbe.

Exemples : **Les fleurs** que j'ai coup**ées**. (J'ai coupé **quoi?** = **Les fleurs**)

$\quad$ Nom fém. pl.

$\qquad$ **Les oiseaux** que j'ai aperçus. (J'ai aperçu **quoi?** = **Les oiseaux**)

Nom masc. pl.

Attention : Si tu dois mettre une préposition (de, à, pour, etc.), devant ta question, c'est que le complément est **indirect**. Il n'y a donc **pas** d'accord.

Exemple : Les outils dont j'ai eu besoin sont dans la classe. (J'ai eu besoin **DE** quoi? = Des outils).

Écris ce qu'on te dicte.

Antoni Gaudi, célèbre architecte

Architecte espagnol _____ incroyablement imaginatives, Antoni Gaudi est l'un des plus célèbres artistes de son temps. Toutes ses œuvres, que l'on trouve surtout à Barcelone, _____ qu'il _____

_____ : l'architecture, la nature, la religion et l'amour de la Catalogne, cette superbe région d'Espagne. Sept de ses œuvres _____ par l'Organisation des Nations Unies pour l'éducation, la science et la culture (UNESCO) comme patrimoine mondial de l'Humanité. Parmi celles-ci figurent la *Sagrada Familia*, une magnifique cathédrale

_____ et qui _____ en raison d'un accident qui causa la mort de Gaudi. Le fameux parc Güell, où s'élèvent plusieurs bâtiments dont deux maisons qui semblent sortir du conte des frères Grimm *Hansel et Gretel*, sont d'autres exemples du travail de maître _____ par Gaudi. Il _____

_____ «Trencadis», une technique qui consiste à incorporer de petites pièces de céramique _____.

L'ATTRIBUT DU SUJET ET LES VERBES ATTRIBUTIFS

Les trucs de Youri

L'attribut est un mot ou un groupe de mot exprimant une **propriété**, une **qualité** ou encore une **identité** que l'on attribue au sujet. Il est toujours accompagné d'un verbe attributif (être, paraître, sembler, demeurer, rester, devenir, avoir l'air, etc.).

Exemples : Tu as l'air **soucieuse**. Vous êtes **en retard**. Ils semblent **hésitants**.
            V. attributif   Attribut
        Elles sont **infirmières**.

L'attribut peut être un adjectif (Elle est **petite**.), un participe (Tu es **tremblante**. Il est **désespéré**.), un adverbe (Je suis **bien**.), une préposition (Nous sommes **en avance**.), un nom (Vous êtes **professeur**.) ou un groupe du nom (Les sciences occultes sont un **sujet étrange**.).

Écris ce qu'on te dicte.

Robert Bourassa

Robert Bourassa _____ contribué à l'essor économique du Québec. Né en 1933, il succède à Jean Lesage et _____ _____ de l'histoire de la province. Il _____, un exploit fracassant. Lorsqu'il est élu, en 1970, chef du parti libéral du Québec et premier ministre de la province, celle-ci _____ : c'est la fameuse « crise d'Octobre », événement au cours duquel le Front de libération du Québec (FLQ) revendique l'indépendance du Québec et procède à l'enlèvement de James Cross, un diplomate britannique, et de Pierre Laporte, ministre québécois du Travail. S'il _____ _____, Robert Bourassa jouera tout de même un rôle décisif dans la négociation de l'Accord du lac Meech, en appuyant le Québec dans sa démarche pour faire reconnaître son caractère distinct au sein du Canada. Bien que souvent critiqué, Bourassa _____ _____ _____, une loi visant à faire reconnaître le français comme langue officielle du Québec.

Écris ce qu'on te dicte.

Un coureur élite

Savais-tu que _____ est un Éthiopien ? En effet,

Haile Gebreselassie _____ 1973 _____ Assella, dans la

province d'Arsi _____ Éthiopie. Issu _____,

il doit _____ parcourir dix kilomètres _____

se rendre _____ l'école. Au lieu de marcher comme la plupart des

enfants, il court, imitant ses idoles, des champions olympiques. _____

donc _____ 16 ans, il _____ qu'il termine

_____ 2 heures 42 minutes ! Puis _____ 19 ans, il remporte sa

_____ internationale – une médaille d'argent – _____

cross junior _____ cross-country _____ Boston, aux États-

Unis. S'il n'est pas le coureur _____ rapide du monde, il ne court

cependant pas _____ de ses adversaires kényans

et marocains. Et _____ cause, plusieurs blessures l'empêchent d'accéder

au podium. Mais son endurance et sa persévérance vont porter fruit : _____

_____ à la dernière minute _____

Jeux olympiques _____ Sydney, il remporte la course en dépit d'un problème

_____. Puis, _____ à établir, en 2007, le plus

grand record _____, il le surpassera à Berlin, en 2008, avec un temps

record de 2 heures 3 minutes 59 secondes : du jamais vu ! _____ débuts

comme coureur de fond, il a remporté deux médailles d'or aux Jeux olympiques et huit aux

Championnats du monde d'athlétisme _____ de 1 500 mètres

à 10 000 mètres. Il a établi plusieurs _____ des distances de

2 000 mètres et plus, y compris au marathon. Sa vitesse moyenne : 20,42 km/heure. On le

considère comme l'un des plus grands coureurs de fond _____.

LE COMPARATIF ET LE SUPERLATIF

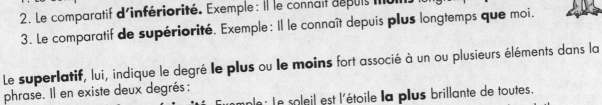

Écris ce qu'on te dicte.

Des instruments de calcul

Jadis, en Abyssinie (l'Éthiopie), on dénombrait, au moyen _____

_____, qui soit, le nombre de chaque guerrier mort au combat.

Les guerriers déposaient, avant de partir, un caillou sur un tas prévu à cet effet. À leur

retour, ils le retiraient du tas et savaient ainsi combien d'entre eux avaient péri. Vers l'an

500 avant Jésus-Christ, les Chinois ont créé le boulier pour faciliter le calcul d'opérations

_____, mais aussi plus complexes comme l'extraction

des racines carrées. Les Babyloniens, eux, ont inventé l'abaque. Dans ces deux systèmes

très semblables, les unités, les dizaines et les centaines étaient souvent représentées par

des colonnes de perles. Bien que _____

et babyloniens, les tablettes grecques permettaient de dessiner, à l'aide d'un stylet, des

calculs qu'on pouvait effacer par la suite. Il faudra attendre les 17e et 18e siècles avant

de voir apparaître respectivement la règle à calcul et la table numérique,_____

_____.

Les trucs de Youri

La **phrase déclarative** sert à donner une information. Elle se termine par un point final (**.**).

La **phrase impérative** sert à donner un ordre ou une directive à suivre. Elle se termine par un point final (**.**) ou un point d'exclamation (**!**).

La **phrase exclamative** sert à exprimer des émotions (ex. : la joie, la douleur, la colère, l'admiration). Elle se termine par un point d'exclamation (**!**).

La **phrase interrogative** sert à poser une question. Elle se termine par un point d'interrogation (**?**).

La **phrase positive** ne contient aucun mot négatif, tandis que la phrase négative comprend toujours deux mots qui expriment la négation :

- l'adverbe **ne** et un **autre adverbe** (pas, plus, jamais, guère, point, etc.)
- l'adverbe **ne** et un **pronom négatif** (personne, rien, nul, aucun, etc.) ou
- l'adverbe **ne** et un **déterminant négatif** (aucun, nul, pas un).

Exemples : Je **n**'ai **pas** faim. **Personne** ne le sait. Je **n**'ai **aucun** regret.

Écris ce qu'on te dicte.

Entrevue avec un diplomate

Notre enseignant nous a demandé, dans le cadre de notre cours de français, de réaliser une entrevue avec une personne de notre entourage au sujetde sa profession. Étant donné que je connais très bien le papa de Loric, mon meilleurami, je lui ai demandé si je pouvais l'interviewer et il a accepté.

_____ :

— _____

— _____

— _____

— _____

— _____

— _____

Les trucs de Youri

La **virgule** est utilisée, en outre, pour séparer des éléments dans une énumération.
Exemple : J'ai mangé des oranges, des poires et des bananes.

Le **tiret** est utilisé, dans un dialogue, pour signaler un changement de locuteur.
Exemples : – As-tu étudié pour ton examen? demande Marianne.
           – Oui, toute la soirée, répond Julia.

Note : Les parties « demande Marianne » ou « répond Julia » sont facultatives.

Ajoute les signes de ponctuation manquants.

Entrevue avec un diplomate (suite)

– Ça dépend [ ] Une affectation [ ] c'est comme ça qu'on appelle l'action d'aller vivre et travailler dans un pays étrangers [ ] peut durer entre un an et quatre ans [ ] Si un pays est considéré sécuritaire [ ] on peut y rester jusqu'à quatre ans [ ] Si [ ] au contraire [ ] on juge que la situation y est plutôt instable [ ] alors on n'y demeure qu'un an [ ]

– Que faites-vous dans votre travail [ ]

– Comme je suis agent politique [ ] je suis et j'étudie les événements politiques du pays [ ] je rédige des rapports pour informer notre gouvernement de la situation en cours [ ] et je développe des relations avec les académiciens [ ] les gens issus d'organisations sans but lucratifs [ ] et les gens qui gouvernent le pays [ ] Parfois [ ] je négocie des accords avec d'autres pays [ ]

– Est-ce que ça donne des résultats [ ]

– Oui [ ] Grâce aux diplomates [ ] le Canada maintient de bonnes relations avec plusieurs pays du monde [ ] Nous faisons même du commerce avec eux [ ]

– Wow [ ] Moi [ ] quand je serai grande [ ] je veux être diplomate [ ]

LES SYNONYMES

Choisi, parmi les mots qui te sont fournis entre crochets, le synonyme de celui qui est en gras et souligne-le.

L'araignée

Savais-tu que l'araignée était un animal des plus **utiles** [précieux, accessoire] ? En effet, elle se nourrit **principalement** [seulement, surtout] d'insectes nuisibles, tels que les moustiques et les pucerons. Membre de la famille des arachnidées, elle a huit pattes, un ou **plusieurs** [beaucoup, aucun] yeux, et ne possède ni ailes ni antennes. Elle est aussi **pourvue** [dotée, libérée] de glandes qui produisent la soie servant à **fabriquer** [détruire, confectionner] fil dont elle se sert, entre autres, pour tisser des toiles ou des cocons en vue de piéger ses proies [alliés, victimes] de protéger ses petits. Ce fil lui permet également de se déplacer à la verticale et de façon latérale lorsqu'il y a du vent. Au Canada, on en **dénombre** [compte, nomme] près de 1400 espèces, dont deux espèces de tarentules et deux espèces de veuves noires. Éternelles chasseuses, les araignées sont sans cesse à la recherche d'insectes à dévorer. Si certaines **poursuivent** [traquent, cachent] et attaquent leurs proies, d'autres, plus patientes, attendent que celles-ci viennent **s'embourber** [se déprendre, s'empêtrer] dans leurs filets. Les araignées jouent un rôle bénéfique dans nos jardins, prévenant l'infestation et préservant les légumes du potager. Les araignées sont très **vulnérables** [sensibles, insensibles] aux produits toxiques que les gens utilisent pour se débarasser des mauvaises herbes et des insectes indésirables.

LA DICTÉE FINALE

Écris ce qu'on te dicte.

Page 7

La zumba

As-tu entendu parler de ce phénomène mondial récent? Inventée par **un** Colombien Beto Perez, **la** zumba est **un** mélange de danses latines et d'aérobic exécuté sur **des** musiques joyeuses et entraînantes. Fait intéressant, M. Perez, autrefois professeur de danse, oublie **un** jour **un** CD de musique qu'il utilise habituellement pour son cours de mise en forme. Il doit donc improviser **les** pas d'exercices de mise en forme sur **des** pièces de musique de salsa, de merengue et de cumbia, styles qu'il écoute régulièrement dans sa voiture. C'est ainsi qu'est née **la** zumba. Elle gagne rapidement en popularité à travers toute l'Amérique latine. Puis, **l'**exportation, par Beto lui-même, de cette nouvelle formule d'entraînement **aux** États-Unis a tôt fait de gagner davantage d'adeptes. Beto deviendra notamment **le** chorégraphe personnel de Shakira, **la** chanteuse pop reconnue pour ses mouvements de danse tirés de **la** danse **du** ventre et de plusieurs danses latines. Aujourd'hui, **la** popularité de **la** zumba est telle qu'on trouve **des** centres de mise en forme se spécialisant dans ce type d'entraînement **un** peu partout à travers **le** monde.

Page 8

Qui suis-je?

Né le 11 juin 1968 à Shawinigan, en Mauricie, **cet auteur a écrit la très populaire série** *Amos Daragon*. **Cette série**, qui compte 12 tomes, a remporté un franc succès auprès des jeunes de **ton âge**. Traduits dans 18 langues, les livres sont acclamés par **nos confrères d'autres pays**. **Ces romans font la fierté de leur créateur** qui aspirait, depuis longtemps, à devenir écrivain. Grand amateur de contes, de légendes et de mythologie, il s'est intéressé, pendant ses **études universitaires**, au concept de loup-garou dans la tradition orale québécoise. **Cet animal mythique** se retrouvera plus tard dans *Wariwolf* (*werewolf*, en anglais, qui signifie loup-garou). D'ailleurs, le thème de la transformation humaine en animal est très présent dans ses romans. On n'a qu'à penser, notamment, au personnage de Béorf Bromanson, allié d'Amos Daragon et membre de la race des béorites, qui peut se transformer en ours. **Comédien, metteur en scène, conteur et professeur de théâtre et de littérature, cet auteur a aussi mis sur pied** *Éclyps*, un spectacle fantastique présenté à la Cité de l'énergie de Shawinigan durant la saison estivale. Il vit présentement à Saint-Mathieu-du-Parc, village situé à quelques kilomètres seulement de Shawinigan. **Son nom**: Bryan Perro. L'avais-tu reconnu?

Page 9

La charte canadienne des droits et libertés

Quelle chance nous avons d'être Canadiens! Dans ce pays, nous avons le privilège d'avoir une charte des droits. «**Quel en est le but?**», me demanderez-vous. Eh bien sachez que, sans elle, nous n'aurions aucun droit face aux mesures politiques et juridiques que pourraient prendre les gouvernements fédéral et provinciaux. Grâce à Pierre Elliot Trudeau, qui a rapatrié la constitution en 1982 et y a inséré une charte des droits, nous, citoyennes et citoyens canadiens, avons un moyen de faire respecter nos droits. Vous **aimeriez savoir quels** sont ces droits garantis par la charte? En voici un résumé: cet important document reconnaît, en outre, les grandes libertés fondamentales telles que la liberté d'expression et la liberté d'association; les droits démocratiques – le droit de vote, par exemple; la liberté de circuler (droit de vivre où l'on veut au Canada); les garanties juridiques comme le droit à la vie, à la sécurité de sa personne et à la liberté et enfin, les droits à l'égalité et les droits linguistiques. «Savez-vous **quels sont les autres éléments** qui sont couverts par la charte?» Il y en a beaucoup, mais les langues officielles et le droit à l'éducation dans la langue de la minorité sont peut-être, au Québec, ceux qu'on évoque le plus souvent. On trouve aussi dans la charte des dispositions de la loi relative aux droits des peuples autochtones, les premières nations du Canada. **Quel beau pays** que le Canada!

Page 10

Maurice Richard « Le Rocket »

Icône canadienne-française du hockey, Maurice Richard **a compté son premier** but dans la Ligue nationale de hockey le 8 novembre 1942. Le **numéro neuf** des **Canadiens de Montréal** s'est fracturé la cheville la même année et a dû arrêter de jouer pour le reste de la saison. De retour au jeu l'année suivante, il **marque cinquante buts** et ce, en **cinquante parties**! Maurice Richard, alias « Le Rocket » ou « La Comète » était le **premier joueur** de **hockey** à **réaliser** un **tel** exploit. Un soir de décembre 1944, après avoir passé la journée à déménager, il a compté **cinq** buts et **fait trois passes**, un record à l'époque. **Pendant cinq** ans, il a été l'ailier droit de ce que l'on surnommait la « Punch Line » avec **deux autres** co-équipiers au centre et à l'aile gauche. On lui attribue aussi le but gagnant de la **septième partie** de la **demi-finale** contre les Bruins de Boston le soir du 8 novembre 1952. C'était, en **dix** ans, son **trois cent**

vingt-cinquième (trois-cent-vingt-cinquième) but. Pendant sa carrière, Maurice Richard a compté **cinq cent quarante (cinq-cent-quarante)** buts et a amassé **quatre cent vingt-et-une (quatre-cent-vingt-et-une)** aides en plus de **neuf cents (neuf-cents)** parties en saison régulière. Sa performance supérieure lors des séries éliminatoires lui a permis de **remporter huit coupes** Stanley avec les Canadiens. C'est en 1960 qu'il a finalement pris sa retraite.

Page 11

Léopold Sédar Senghor
Sénégalaise, ancienne, française, fondée, proposée, martiniquaise, merveilleuse, culturelles, jeunesse, belle, noire, crapuleuse.

Page 12

Des membres de ma famille
Marcelle, infirmière, Lucienne, mécanicienne., Joëlle, cadette, avocate, vétérinaire, championne, athlète, manchotte, cousine, tante Lucienne, couturière, politicienne.

Page 13

Dans ma classe de 5ᵉ année
Sportive, rêveuse , lectrice, amateure ou amatrice, jalouse, amoureuse, ingénieure, patineuses, studieuses, docteure, enchanteresse , actrice.

Page 14

Une histoire à terminer
Fictive, naïve, rousse, incarnat, marron, fière, mystérieuse, fabuleuse, blanche.

Page 15

Une sœur unique en son genre
Auteure, revendicatrices, frondeuse, nouvelle, provocatrices, molles, querelleuse, moqueuse, vengeresse, supérieure.

Page 16

Michel-Ange
Gentille, pareille, italienne, ancienne, belle, telle, muette, nulle, cette éternelle, dévot, sot.

Page 17

À la recherche du krill antarctique
Mes confrères et moi, le capitaine La mer, sommes à la recherche d'un crustacé appelé krill antarctique. On trouve ces **fameux** invertébrés **ici**, dans les **eaux** tantôt calmes, tantôt **houleuses**, de l'océan austral. **Tout comme** la crevette, ils vivent en groupes ou essaims de 10 000 à 30 000 individus par mètre cube. Ils peuvent mesurer jusqu'à six centimètres et peser jusqu'à deux grammes. Grâce à des organes situés, **notamment**, près des **yeux**, sur certaines pattes et sur les quatre sternums dont ils sont constitués, les krills peuvent émettre une lumière jaune ou verte; de vrais petits **joyaux**! Ils se nourrissent **principalement** de **végétaux** marins, tel que le phytoplancton, et peuvent vivre jusqu'à l'âge de six ans. Cela fait **déjà** une semaine que nous naviguons à bord de nos **bateaux** sur ce vaste océan, à la recherche du krill, bravant les vents **glaciaux** qui nous font trembler les **genoux** et nous obligent à sortir **rapidement** nos **chandails**. Pour nous épargner **bien** des **soucis**, j'ai apporté tout le matériel nécessaire à l'étude de cette étonnante petite bête. Les krills doivent lutter pour subsister en raison de la pollution humaine. En effet, les changements climatiques ayant **grandement** contribué à réduire leurs sources de nourriture et à rendre nos océans de plus en plus acide, ils doivent **constamment** s'adapter. Fait intéressant, l'une de mes collègues croient que les krills ont trouvé un moyen de contrer les **fléaux** causés par l'humain : ils muent pour réduire leur taille!

Page 18

D'où vient l'Halloween?
Gaulois, intitulée, troupeaux, étables, généreuses, habitants, réunissaient, mauvais, taureaux, blancs, liés, apeurant, anglais.

Page 19

Des mammifères peu connus
animaux, narvals, mammifères, pacifiques, glaciales, pourvus, spiralée, agiles, servals, africaine, détails, intelligents, échappent, filous.

CORRIGÉ

Page 20

El dia de los Muertos

El dia de los Muertos ou « le Jour des morts » est une fête mexicaine qui a lieu chaque année les 1er et 2 novembre. Cet événement, qui dure **habituellement** deux jours, est l'occasion idéale pour les Mexicains de célébrer en famille. **Jadis**, les Aztèques avaient coutume de se rendre **couramment** au cimetière de leur communauté pour chanter et danser sur les tombes de leurs défunts. Ils décoraient **joliment** les tombes en y déposant des offrandes, la croyance voulant qu'on comble les besoins qu'avaient les personnes décédées dans l'au-delà. **Aujourd'hui**, on nettoie les tombes et on les décore **toujours** en y mettant des bougies et des fleurs orangées appelées *Zempaxuchiti*. De plus, on souligne, le 31 octobre, l'arrivée des âmes des enfants. Ces derniers se déguisent en vampires, en momies ou d'autres morts-vivants, transportant une citrouille dans leurs mains et s'exclamant *calaveras!* toutes les fois qu'ils sollicitent les gens pour des friandises. **Certes**, l'idée de rendre hommage aux morts **ne les effraie guère**! Cette fête, que l'on fête au Mexique, ressemble **beaucoup** à celle qu'on célébrait **autrefois** chez les Hurons. **Peut-être** ont-elles les mêmes origines?

Page 21

L'invention de l'imprimerie

complètement, traditionnellement, Contrairement, grandement, principalement, seulement, incontestablement.

Page 22

Qui suis-je?

Écossais d'origine, je **suis** reconnu comme l'inventeur officiel du téléphone. En 1870, j'**émigre** au Canada avec mes parents, nous nous installons à Brantford, en Ontario. L'année suivante, je **pars** enseigner dans une école pour malentendants à Boston, aux États-Unis. Je **reviens** au Canada tous les étés jusqu'en 1876, année où j'**effectue** mon premier test interurbain entre les villes de Brantford et de Paris en Ontario. C'est là que je **réussis** à transmettre, dans une direction seulement et au moyen de ce qui va plus tard devenir le téléphone, une phrase que mon jeune assistant, Thomas A. Watson, peut entendre nettement de la pièce attenante où il se trouve. Quelques instants plus tard, je **reçois** la réponse par télégraphe. Les Canadiens et les Américains ont longtemps essayé de s'approprier l'invention du téléphone, les premiers affirmant que j'**étais** Canadien – ce que je ne **deviendrai** officiellement qu'en 1882 - les seconds, que j'**étais** Américain. Pour ma part, je **crois** que « le téléphone a été conçu à Brantford, mais qu'il est né à Boston ». Mon nom : Alexander Graham Bell!

Page 23

Des instruments de mesure du temps

Sais-tu qu'il y a **a** environ quatre mille ans, les gnomons - une sorte de bâtons qu'on **plantait** dans le sol et qui **projetaient** leur ombre dans une direction donnée selon l'heure de la journée – **étaient** utilisés chez les Chinois et plus tard, par les Babyloniens? Les gnomons **seraient** les ancêtres de la montre. Ils **furent** néanmoins progressivement remplacés par les cadrans solaires. Sur ces cadrans qu'on **munissait** d'un « stylet » dont la fonction **était** similaire à celle du gnomon) **figuraient** des lignes servant à lire l'heure. Seul inconvénient : il **était** impossible de lire l'heure la nuit! Chez les Égyptiens, 1500 ans avant Jésus-Christ, on **se servait** d'un outil de mesure du temps appelé clepsydre, un ancêtre du sablier. Constitué de deux vases dans lesquels **s'écoulait** une certaine quantité d'eau, cet engin **permettait** aussi de lire l'heure. **Es-tu** au courant que, vers les années 725 avant Jésus-Christ, un moine bouddhiste **a inventé** la première horloge astronomique? Grâce à cette horloge, on **pouvait** lire les déplacements de la Lune et du Soleil par rapport à la Terre. L'invention de l'horloge mécanique **remonte** à l'an 1275, mais on ne la **perfectionnera** toutefois qu'aux 17e et 18e siècles. Enfin, la montre-bracelet telle que nous la **connaissons** aujourd'hui **a été** inventée en 1904 par le célèbre horloger français Louis Cartier et son compère suisse, Hans Wilsdorf. Si Cartier et Wilsdorf **étaient** encore vivants, ils **nous demanderaient** sans doute : « **Portez**-vous votre montre autour du poignet gauche ou droit ? »

Page 24

La bande dessinée

Es-tu un amateur de bandes dessinées? Si oui, en **lis-tu** beaucoup? Tu **seras** étonné d'apprendre que la publication de la première bande dessinée québécoise remonte possiblement à la fin du 19e siècle. Apparemment, on en a recensées dans un journal humoristique appelé *Le Canard*. **Connais-tu** le terme *phylactère*? C'est une bulle dans laquelle on inscrit ce que disent les personnages. Parfois, trois petits cercles de différentes grosseurs se trouvent sous la bulle; **sais**-tu ce qu'ils signifient? Ils indiquent que le personnage est en train de songer ou de rêver à quelque chose. Tu ne le **croiras** peut-être pas, mais le premier phylactère serait apparu, au Québec, dès 1855! Il existe beaucoup d'amateurs de bandes dessinées dans le monde et, par le fait même, un grand nombre de bandes dessinées. **As-tu déjà entendu** parler des *Aventures de Tintin* de Hergé, l'illustrateur et bédéiste belge? Est-ce que tu **as déjà lu** *Les aventures d'Astérix le Gaulois* des Français Goscinny et Uderzo? Sinon, **sache** qu'Astérix a connu le plus grand succès du monde de la bande dessinée! Mais revenons chez nous, si tu le **veux** bien… Nous aussi nous avons de bons bédéistes! Jean-Paul Eid, par exemple, est connu notamment pour sa série *Jérôme Bigras*. **Imagine-toi** donc qu'à cinq ans, il créait déjà des albums de bandes dessinées avec du papier construction et des crayons à colorier!

Page 25

Le Dalaï-Lama

Savais-tu que le plus haut chef spirituel des Tibétains **s'appelle** le Dalaï-Lama? On **dit** qu'il **est** la manifestation du *bodhisattva* de la compassion ou «le seigneur qui **observe**». Dans la philosophie bouddhiste, le terme *bodhisattva* **désigne** un être hautement spirituel ayant renoncé, par compassion, au nirvana afin de sauver autrui. Le Dalaï-Lama **est** aussi le chef politique du gouvernement du Tibet depuis le 17e siècle. Toutefois, le gouvernement tibétain **est** en exil à Dharamsala, en Inde. En 1950, soit un an après sa rencontre avec Mao Tsé Toung, le chef du parti communiste chinois de l'époque, Tenzin Gyatso, 14e Dalaï-Lama, **devient**, à 15 ans, le chef d'état du Tibet. Le peuple tibétain **veut** obtenir l'indépendance de son pays mais les Chinois tentent de coloniser et d'exploiter le Tibet qu'ils considèrent désormais comme un état chinois. La nation tibétaine **subit** longtemps l'oppression des troupes militaires chinoises envoyées en 1950 par Mao Tsé Toung afin de décourager les mouvements séparatistes au Tibet. Tenzin Gyatso, l'actuel Dalaï-Lama et récipiendaire du Prix Nobel de la Paix, **tente** depuis de trouver un moyen pacifique de résoudre le conflit. En attendant, il **doit** continuer de vivre en exil.

Page 26

L'art haïda

Savais-tu que nous, les Haïdas, **sommes** reconnus dans le monde entier pour nos sculptures, nos totems, nos pirogues, notre travail du métal et de l'argilite, de même que pour notre vannerie? Autochtones de la région du Pacifique Nord, nous **vivons** dans les îles de la Reine-Charlotte ou *Haida Gawaii* qui signifie «îles du peuple» en langue haïda. Nous nous **inspirons** de l'océan pour créer notre art. En effet, nous l'**embellissons** avec des mammifères marins tels que des otaries, des épaulards et les légendaires loups de mer, de même qu'avec des requins et des flétans. Nous **sculptons** surtout ces animaux sur nos totems, mais ils peuvent aussi figurer sur d'autres objets d'art. Les matériaux dont nous nous **servons** sont le cèdre, pour la fabrication des mâts, masques et pirogues; l'écorce de cèdre et la racine d'épinette pour les chapeaux; les coquillages pour les couvertures et les masques. Bien que le mot art n'existe pas dans notre langue, cette tradition est présente dans nos cérémonies, lorsque nous **érigeons** le totem d'une famille par exemple, dans les masques utilisés dans la danse et dans l'emblème des membres d'un clan.

Page 27

Le schéma narratif

Vous **avez** envie d'écrire une histoire? Eh bien, voici quelques trucs qui vous aideront à bien la structurer. En premier lieu, vous **devez** déterminer si ce sera sous forme d'un conte, d'une nouvelle ou d'un roman que vous **relaterez** vos aventures. Quand vous **aurez** choisi le type de texte qui vous convient, vous **déterminerez** qui sera votre héros ou votre héroïne, ses adjuvants – c'est-à-dire, ses alliés – ses opposants et l'objet de sa quête. En second lieu, vous **établirez** quels seront la situation initiale, l'élément déclencheur, les péripéties, le dénouement et la situation finale. Par exemple vous **inclurez**, dans la situation initiale, tous les éléments nécessaires pour faire démarrer votre récit (description des lieux, des personnages, de l'ambiance, etc.). Vous **prendrez** soin de trouver un bon élément déclencheur qui viendra perturber l'équilibre qui règne lors de la situation initiale. Pour les péripéties, qui sont engendrées par l'élément déclencheur, vous **choisirez** et **décrirez** les actions qu'entreprendra votre héros ou héroïne en vue d'atteindre son but. Vous **penserez** à un dénouement original en mettant fin à toute action et en laissant présager quelle sera la fin de l'histoire. En dernier lieu, vous **concluerez** votre histoire de façon dramatique (tragédie), humoristique (comédie) ou tout simplement de façon positive. Alors, **qu'attendez**-vous pour commencer? À vos crayons !

Page 28

Les icebergs

Du norvégien *isberg* qui veut dire, montagne de glace, les icebergs **sont** des masses de glace qui **se détachent** d'un glacier au cours d'un processus qu'on appelle vêlage. Parfois, cette fragmentation peut être engendrée par la collision d'un iceberg avec une autre masse de glace. Il existe plusieurs types d'icebergs, dont les tabulaires et les irréguliers. Les premiers **sont** surtout présents dans l'Antarctique. Ils **ont** la forme d'une grosse plateforme de glace horizontale,

mesurent en moyenne une dizaine de kilomètres carrés et **font** habituellement une centaine de mètres d'épaisseur. Les seconds **se trouvent** dans les eaux côtières du Groenland et dans le Nord du Canada. Les bourguigons **sont** les plus petits icebergs qui **soient**. Les diverses teintes de bleu des icebergs **indiquent** leur ancienneté : plus ils **sont** foncés, plus ils sont vieux. Parfois aussi, ils **ont** des teintes rouges, vertes ou orangées. Cela est causé par des algues appelées diatomées. La majorité des icebergs **proviennent** des fjords du Groenland. Ils **se déplacent** grâce à l'action des vagues, des marées, des courants marins et des vents. C'est au cours de leur voyage dans la mer qu'ils **acquièrent** leur forme irrégulière.

Page 29

Gustave et sa tour... Eiffel

Né le 15 décembre 1832 à Dijon, en France, Gustave Eiffel est l'ingénieur qui a construit la tour du même nom. C'est après avoir soumis son projet à un concours lancé dans un journal de Paris à l'occasion de l'Exposition universelle de 1889 qu'Eiffel a obtenu ce contrat. En effet, on voulait, pour célébrer le centenaire de la Révolution française, examiner la possibilité d'ériger sur le Champ-de-Mars, une tour de 125 mètres de côté et de 300 mètres de hauteur. Le projet d'Eiffel fut sélectionné parmi les 107 projets présentés au jury. Les travaux de construction durèrent précisément deux ans, deux mois et cinq jours. C'est ainsi que le 31 mars 1889, on inaugurait ce monument suprême ! La tour Eiffel, qui arbore une structure en forme de A, compte 1710 marches menant au sommet. Aucune autre tour du monde ne déclassera la tour Eiffel en terme de hauteur, du moins jusqu'en 1929, après quoi l'immeuble Chrysler à New York la surpassera. Savais-tu que, dès son inauguration, la tour Eiffel était déjà dotée d'ascenseurs permettant aux visiteurs d'accéder aux 1er, 2e et 3e étages ? Tout un exploit à l'époque ! Si à l'origine Eiffel prévoyait que la durée de vie de sa tour n'excèderait pas 20 ans, celle-ci a néanmoins résisté aux intempéries, grâce aux multiples expériences menées par son concepteur. À preuve, elle est encore là !

Page 30

L'enquête Kirigol

— Bonjour ! **Je suis** l'inspecteur Kirigol. **J'enquête** actuellement sur le mystérieux vol d'une clé et **j'aimerais vous poser** quelques questions. **Vous voulez** bien **me décrire** l'incident s'il vous plaît ?

— Eh bien... **j'étais** au restaurant *Chez Ferdinand* et je **m'apprêtais** à déjeuner lorsqu'un homme à l'allure suspecte s'est levé et a fait mine d'aller chercher son manteau au vestiaire. Je **l'ai vu** tout à coup glisser sa main dans la poche d'un manteau **qui semblait** appartenir à une femme. **Il en a retiré** une clé. Puis, il s'est empressé de **la** dissimuler dans sa poche de pantalon et a quitté le restaurant.

— **Où** étiez-vous à ce moment-là ?

— **J'étais toujours assis à ma table.**

— **Quelqu'un** d'autre aurait-il été témoin de la scène ?

— À ma connaissance, non. **Personne.**

— **Sauriez-vous le décrire**, cet homme **dont** vous parlez ?

— Tout à fait. Il a les cheveux noirs – il **les** porte longs. **Il doit faire** environ un mètre quarante-cinq.

— **Lui** avez-vous adressé la parole ?

— Non.

— **Vous** semble-t-il l'avoir déjà vu quelque part ?

— Peut-être. Il est **possible que nous nous soyons** effectivement déjà rencontrés.

— Quand vous avez téléphoné aux policiers, **leur** avez-vous tout dit **ce que** vous venez de me dire ?

— Oui. Enfin... non. J'ai omis de **leur révéler qu'il n'était pas seul.**

— Ah bon ?

— Une femme est sortie après **lui** et **l'a rejoint** dans la voiture qui était stationnée devant le restaurant. Elle portait le manteau dans la poche **duquel** il avait subtilisé la clé. C'est à ce moment-là que j'ai réalisé qu'elle devait être sa femme !

CORRIGÉ

Page 31

Ah! Les vacances!

Tous, tout, tous, tout, toute, toute, toutes, toutes, tout.

Page 32

Séismes et sismographes

Les séismes sont un phénomène naturel causé par la collision des plaques tectoniques. Ces plaques se situent sous la mer et les continents et se déplacent lentement dans toutes les directions. **Certaines se déplacent** vers le haut et **d'autres** vers le bas, alors que **quelques-unes glissent** vers le côté. **Il arrive** qu'elles **s'entrechoquent**, ce qui provoque des vibrations de forte amplitude et engendre des secousses sismiques. **On sait** que ces vibrations **proviennent** de l'épicentre, endroit où l'ampleur du séisme est le plus grand. Au Canada, les régions où l'**on enregistre** le plus grand nombre de séismes **sont les Rocheuses**, la Côte Ouest, le Yukon, l'Arctique et l'Est du Canada. Ici, au Québec, ce phénomène se produit surtout dans les régions de Charlevoix, Gatineau et Sept-Îles. Pour mesurer les ondes sismiques, **plusieurs ont recours** à des sismographes. **Ces instruments sont munis** d'une charge suspendue à un ressort et à laquelle est fixée une plume qui enregistre toute vibration sur un rouleau de papier. **Quiconque** a entendu parler de l'échelle de Richter sait **qu'elle sert à mesurer** l'intensité des séismes. Elle est graduée de 0 à 9 et à chaque degré la force du tremblement de terre est multipliée par dix. **Nul ne peut nier** que des séismes d'intensité six ou sept peuvent causer beaucoup de dommages.

Page 33

Le système électoral canadien

Notre parlement est constitué de la reine, du Sénat et de la Chambre des communes. La Chambre des communes compte 308 sièges **qui sont divisés** entre les provinces selon leur population. C'est là **où on élabore** les lois fédérales et examine les projets de loi. Le Sénat revoit les lois et les projets de loi **que** les ministres et les députés proposent à la Chambre des communes et s'oppose à toute mesure **qui n'est pas conçue** selon les règles ou **dont, l'élaboration est jugée** avoir été faite trop rapidement. Le Sénat compte 105 membres indépendants ou issus de divers partis politiques **qui sont nommés** par le gouverneur général sur recommandations du premier ministre. Toutes les provinces et tous les territoires y sont représentés. En temps d'élections, les citoyens canadiens ont le devoir d'aller voter. La population élit un député par circonscription, pour un total de 301 membres **qui siégeront au Parlement**. Le parti politique **dont** le plus grand nombre de députés est élu devient le parti au pouvoir, et son chef, le premier ministre. Celui-ci choisit les membres **qui feront parti** de son cabinet - les ministres - **lesquels proviennent** de chacune des provinces du Canada. Le second parti **obtenant** le plus grand nombre de représentants élus devient l'Opposition officielle

Page 34

Petite histoire du chocolat

Sais-tu d'où provient le chocolat? Originaire d'Amérique du Sud et Centrale, le fruit du cacaoyer, la cabosse de cacao, est cultivé depuis près de trois millénaires. Cette cabosse renferme les fèves de cacao qui sont à la base de la fabrication du chocolat. Ainsi, il faut d'abord faire fermenter les fèves, puis **les torréfier** – un procédé qui consiste à **les chauffer dans une machine** appelée brûleur ou torréfacteur pour **leur donner un goût** et une odeur grillés voire, un peu calcinés. Ensuite, on broie les fèves pour former une pâte de cacao liquide et on **en extrait le beurre** de cacao. Pour confectionner le chocolat, il suffit de mélanger la pâte et le beurre de cacao avec un peu de sucre de canne. On **y** ajoute parfois aussi des épices, comme la vanille, pour **en rehausser** la saveur et **le rendre moins amer**. À l'origine, le cacao était apparemment consommé sous forme de boisson épicée par plusieurs peuples d'Amérique centrale, dont les Aztèques et les Mayas. Or, c'est avec la Révolution industrielle que le chocolat a été popularisé, les gens **le consommant dorénavant** sous forme solide, ou liquide, comme le fameux chocolat chaud.

Page 35

Des guerriers forts et courageux

Soba! Habarino? Je suis Lemalian, un guerrier masaï et je viens du Masaï Mara, au Kenya. Grands, fiers et élancés, les guerriers masaï n'ont peur de rien. Autrefois, les colons européens et les autres tribus **nous redoutaient terriblement**. Pour déjouer l'ennemi, mes ancêtres chaussaient leurs sandales à l'envers! Ils dissimulaient aussi le fer de leur lance avec de l'herbe pour éviter d'être repérés. Comme ils étaient rusés! Est-ce que je **vous ai dit qu'avant de devenir guerrier**, j'ai dû participer à une cérémonie pour souligner mon passage de l'enfance vers l'adolescence?

Je **me suis décoré** d'ornements éclatants et **me suis vêtu**, pour l'occasion, d'une shuka (une grande étoffe rouge à carreaux, semblable à celle que portaient les romains). Je **me suis aussi tressé** les cheveux et les ai enduit d'ocre rouge. Puis, j'ai dû **me faire circoncire**. Aïe! Mon père m'avait prévenu : «Fiston, surtout, ne **remue pas**! Si tu bouges, les autres vont penser que tu n'es pas assez brave et ils vont **se** mettre à te chanter toutes sortes de railleries.» En tout cas, pour être un vrai guerrier masaï, on doit exhiber sa force, son endurance et son courage. Pour ce faire, **on peut se mesurer à nos confrères** en participant à une compétition appelée danse du saut, où celui qui saute le plus haut est considéré comme le plus fort d'entre nous. Je **vous défie d'essayer**!

Page 36

Le tango argentin

Le tango est une danse de salon dont les origines **remontent** à la fin du 19ᵉ siècle. Ce **sont des immigrants** qui **l'ont importé** en Argentine. Autrefois, le tango **était réservé aux classes pauvres**, comme celles des immigrants africains et des femmes de mauvaise réputation. En effet, cette danse **provient des banlieues très peuplées** de Buenos Aires, capitale argentine, et de Montevideo, capitale uruguayenne. Fruits de plusieurs styles musicaux, tels que les rythmes africains des esclaves noirs uruguayens, les danses créoles indigènes de l'Argentine de l'époque et la musique italienne et espagnole, le tango **se caractérise par un vaste éventail** de tempos et de styles rythmiques. Il **nous faut**, pour danser le tango, un partenaire, et faire preuve de créativité car il **s'agit non pas tant d'exécuter** des pas, mais plutôt de transmettre une émotion de façon improvisée. C'est dans les années 1920 et 1930 que le tango **atteint le sommet de sa gloire**. Gardel, un musicien de renom de l'époque **est considéré** comme le père des *orquestas tipicas*, une formation de quatre musiciens typique du tango. Le tango **évolue beaucoup au cours des années** 1940 et 1950 et, dans les années 1960, il **commence** à prendre de la popularité à l'échelle internationale. Aujourd'hui, on **danse le tango dans presque** tous les pays occidentaux.

Page 37

Des fleurs sauvages du Québec

Que savez-vous sur les fleurs sauvages au Québec? Savez-vous, par exemple, **à quoi ressemblent les mignonnes fleurs blanches** du muguet qui tapissent le sol de nos forêts? À de petites clochettes! Et, avec une fragrance aussi irrésistible, **qui ne voudrait pas les humer**? Par ailleurs, savez-vous **à qui certains noms** de fleurs se réfèrent? Au pape et aux poètes! Présentes surtout dans les champs, ces jolies fleurs d'un rose foncé qu'on nomme monnaie du pape ne servaient pas, contrairement à ce que l'on pourrait croire, à faire du troc! Préférant un endroit ombragé mais toujours visible aux passants, **pour qui**, selon vous, **l'œillet de poète** est-il apparemment une source d'inspiration? Enfin, le trille, bien que considéré comme une fleur sauvage du Québec, existe sous plusieurs formes, dont quelques-unes poussant en Ontario. L'un d'entre eux en est **l'emblème; savez-vous lequel**? Le trille blanc!

Page 38

Le désert de Namib

Traverser, à dos de chameau ou de dromadaire, les dunes chaudes et dorées du plus vieux désert de la planète, quelle aventure! Après **avoir voyagé des kilomètres** et des kilomètres en voiture, nous avions enfin atteint notre destination : la Namibie. Pour y **arriver, nous avions dû parcourir** plus de 4 500 kilomètres sur des routes tantôt achalandées, tantôt quasi-désertes. **Apercevoir cet immense territoire** aride et dénudé de toute vie - du moins à première vue - nous envahissait soudainement d'un étrange sentiment **qu'on n'aurait su expliquer**. Rapidement, j'ai sorti mon appareil photo pour **immobiliser** ce magnifique paysage s'étendant à perte de vue devant nos yeux éblouis, et **me suis empressé(e) de le photographier**. Aujourd'hui, lorsque j'admire à nouveau mes seuls vestiges du désert du Namib, ça me donne envie d'y **retourner**. Et toi, **aimerais-tu y aller**?

Page 39

Que fait le marionnettiste?

Pour devenir marionnettiste, il faut une bonne dose de créativité et beaucoup de dextérité. En effet, c'est le marionnettiste qui **manipule les marionnettes**, crée leur voix et **s'occupe du jeu d'acteur** de celles-ci. Il **travaille** habituellement dans un grand théâtre national ou au sein d'une compagnie de production télévisuelle. Il **collabore avec des metteurs en scène**, des scénographes, des éclairagistes, des ingénieurs de son, des compositeurs, des costumiers et des artisans qui **confectionnent** les marionnettes pour lui. Les marionnettistes qui **possèdent un esprit d'entrepreneur préfèrent** généralement travailler seul ou avec une petite équipe et voyager d'un endroit à l'autre – une école, un village ou une ville, par exemple – pour présenter leurs pièces de théâtre. **Mais je t'avouerai qu'ils**

triment dur, car ils doivent tout faire eux-mêmes ! Tu **t'ennuies et veux faire quelque chose d'excitant** ? Deviens marionnettiste ! Pour ce faire, il te faudra devenir l'apprenti d'un autre marionnettiste plus expérimenté car, ici, au Canada, il **n'existe pas d'école spécialisée dans ce** domaine. Qui sait, peut-être deviendras-tu aussi célèbre que Geppetto, le créateur de Pinnochio !

Page 40

Les aurores boréales

Les aurores polaires sont un phénomène naturel des plus étonnants qui se **produit à des latitudes de plus de soixante-dix degrés**. Dans l'hémisphère nord, **on les appelle** aurores boréales, du latin *aurora borealis* qui signifie lumière boréale. En Antarctique, on les **connaît sous le nom** d'aurores australes, parce que ce continent est situé dans l'hémisphère sud. Telle une large étoffe, elles **frémissent au gré des vents solaires**, des flots **de gaz composés principalement** de protons et d'électrons qui s'échappent du Soleil. Ces vents **interagissent avec le champ magnétique terrestre**, phénomène à l'orgine des aurores polaires.

Page 41

Les aurores polaires

As-tu déjà observé le phénomène des aurores polaires ? Ces dernières **jaillissent du ciel comme** si elles **provenaient** d'un puits de lumière céleste. Elle **descendent sur la terre en performant** leur danse astrale, exhibant leurs longs spectres lumineux, un spectacle saisissant qui nous en **met plein la vue**. Les aurores polaires ne **surviennent pas nécessairement lorsque la température** se **refroidit**. De fait, il n'est pas rare qu'on les **voie apparaître en plein été**. Certains peuplent **croient que les aurores polaires** sont en fait les esprits de leurs ancêtres. **Surtout, ne craignez** rien : ces derniers ne sont pas mauvais !

Page 42

Galilée

Galileo Galilei, de son vrai nom, **était un physicien et astronome** italien. Alors que la plupart de ses confrères scientifiques **croyaient** que la terre se trouvait **au centre de l'Univers**, Galilée **soutenait** la théorie de Nicolas Copernic **voulant que ce soit plutôt** le Soleil qui **occupe une position centrale** dans notre galaxie, la Terre et les autres planètes – excepté la Lune – **tournant** autour de celui-ci. Galilée **a perfectionné la lunette astronomique** et **a fait** plusieurs avancées, notamment dans le domaine des mathématiques, de la cinématique (l'étude de corps en mouvement soumis à diverses forces) et de la dynamique (l'étude du mouvement des corps). Il **a par ailleurs découvert** la nature de la voie lactée – nom attribué à notre système solaire – et **a identifié** les étoiles de la constellation d'Orion. Il **a aussi remarqué que** certaines étoiles qui **étaient** visibles à l'œil nu **constituaient en fait des amas** d'étoiles. Galilée **comptait** plusieurs ennemis, car tous ne **partageaient pas ses idées jugées** hérétiques par les autorités religieuses catholiques. Par exemple, il **prétendait** que la glace **flotte parce que plus légère** que l'eau, principe avec lequel plusieurs communautés scientifiques n'**étaient pas d'accord**. Somme toute, sa théorie copernicienne **est** celle qui **va être** la plus **controversée**, car elle **fait l'objet d'une censure** par l'église catholique.

Page 43

India Desjardins

Journaliste aux magazines *Cool et Filles d'aujourd'hui* pendant environ dix ans et, plus récemment, auteure des romans *Les aventures d'India Jones* et *Le journal d'Aurélie Laflamme*, je **fais** dorénavant ce dont j'ai toujours rêvé : être écrivaine. Avant de lancer, en 2005, mon premier roman *Les aventures d'India Jones*, je rédigeais une chronique hebdomadaire intitulée Place à Miss Jiji publiée dans le cahier Week-end du *Journal de Montréal*. Puis, l'idée d'écrire une série de romans pour adolescents **commence** peu à peu à prendre forme dans mon esprit. J'**entreprends** de rédiger le premier livre de la série, *Extraterreste...ou presque !* Par la suite, j'en écrirai cinq autres : *Sur le point de craquer, Un été chez ma grand-mère, Le monde à l'envers, Championne* et *Ça* **déménage !** Chaque tome **raconte** les hauts et les bas d'Aurélie Laflamme, une adolescente de 14 ans dont le père est décédé et qui se **sent** un peu à part des autres. Elle **veut**, comme beaucoup de jeunes de son âge, trouver qui elle **est** vraiment et elle **essaie** de se tailler une place dans ce monde qu'elle **trouve** à priori si peu invitant. Or, ses perceptions de la vie en général changeront bientôt du tout au tout... Tu **dois** absolument lire son journal : il est fascinant !

Page 44

Le père du protestantisme

Martin Luther **était** un prêtre allemand du Moyen-Âge qui s'**opposait** aux indulgences, cette pratique en vogue chez les habitants du pays qui **voulaient** se repentir de leurs péchés, car elle **engendrait** la corruption. Et pour cause, les gens **remettaient** des sommes d'argent aux autorités religieuses et **obtenaient** leur pardon en échange. En 1517, Luther confronta l'Église mais il en fut par la suite exclu. Il ne **croyait** pas au rôle du pape et de l'assemblée des évêques au sein de la religion. Il **pensait** plutôt que seule la Bible **était** une source d'autorité religieuse et que, par conséquent, les hommes n'**avait** guère besoin d'intermédiaires entre Dieu et eux pour être sauvés. Luther, qui **refusait** de se conformer aux exigences de l'Église fut convoqué, en 1521, par le roi d'Espagne qui **voulait** l'empêcher de répandre de telles idées. Le protestantisme **commençait** néanmoins à voir le jour et Luther initia malgré lui la Réforme qui **irait** occasionner de grands changements dans le monde religieux.

Page 45

Pythagore

Pythagore est **un mathématicien reconnu** pour son théorème : le théorème de Pythagore, dont le principe formule que «dans un triangle rectangle, le carré de l'hypoténuse **est égal à la somme** des carrés des deux autres côtés. » Il **est né** au 6e siècle avant Jésus-Christ à Samos, une île grecque de la mer Égée et située au sud-est d'Athènes. Il **a étudié**, **bien sûr**, les mathématiques, mais également la musique et la philosophie. Il **a beaucoup voyagé**, **notamment** en Syrie, au Liban, en Égypte et à Babylone (aujourd'hui une partie de l'Irak et de la Syrie), où il **a acquis la plupart de ses connaissances** en mathématiques. Si les travaux de recherche de Pythagore **ont abouti à la démonstration** du théorème du même nom, il ne fut toutefois pas le **premier à utiliser ce système**. En effet, les Babyloniens, bien avant lui, gravaient les longueurs des côtés des triangles rectangles sur des tablettes d'argile. Qu'importe, Pythagore et ses acolytes **ont tout de même démontré que la somme des mesures** des angles d'un triangle était égale à 180º !

Page 46

Le Musée canadien de la nature

La semaine prochaine, **ma famille et moi allons visiter** le Musée canadien de la nature. J'ai hâte parce qu'on **va y voir plusieurs choses**, en outre, des spécimens vivants, des **reproductions comme celle** du môle, un poisson du golfe du Saint-Laurent, et même le squelette du plus gros mammifère de la planète, **celui du rorqual bleu** ! Les expositions diverses **vont nous renseigner sur une multitude de sujets**, en passant par le fonctionnement des marées et la vie sur un navire de recherche, jusqu'aux caractéristiques de certains poissons, tels **ceux qui brillent dans le noir**. Nous allons apprendre aussi sur les roches et les minéraux qui constituent la Terre, les mammifères canadiens (comme l'ours polaire) et les oiseaux – il **va y en avoir plus de quatre cent cinquante espèces** ! Quand je lui ai annoncé qu'on **allait faire** la visite de ce musée, ma copine m'a lancé : «Toi, tu **vas adorer** la Galerie des fossiles ! » « Il y a une galerie des fossiles ? » me suis-je écriée, toute enthousiaste. Je **vais vous confier** que **cela m'a emballée**, car je suis une fanatique de dinosaures ! Ma sœur, elle, c'est une passionnée des insectes, des araignées et autres petits animaux de la sorte. En tout cas, **c'est certain qu'elle va se divertir** à l'Animalium !

Page 47

Pierre Elliot Trudeau

Homme politique, écrivain et avocat de droit constitutionnel, Pierre Elliot Trudeau **fut premier ministre** du Canada de 1968 à 1979, et de 1980 à 1984. Issu d'une famille aisée, il était le fils d'un riche homme d'affaires canadien-français et d'une femme de descendance écossaise. Il **eut, dès son plus jeune âge**, la chance d'apprendre les deux langues officielles, d'où son bilinguisme. Il avait 49 ans lorsqu'il **obtint son premier mandat** comme chef du parti libéral et premier ministre du Canada. Il **demeura en poste pendant près** de 15 ans, un exploit égalé seulement par Mackenzie King et John A. Macdonald. Cet ardent fédéraliste canadien **lutta contre le gouvernement nationaliste** de Maurice Duplessis qui réclamait l'indépendance du Québec. Parmi ses nombreuses réalisations comme premier ministre, il **mit en œuvre** la *Loi des mesures de guerre* en réponse à l'enlèvement, pendant la Révolution tranquille, du diplomate britannique James Cross et du ministre québécois Pierre Laporte. Il **sera d'ailleurs vivement critiqué** pour cette mesure qui confère au gouvernement fédéral le pouvoir de procéder à toute arrestation, détention ou censure qu'il juge nécessaire. Si Trudeau **n'avait pas créé** la *Loi sur les langues officielles*, notre héritage linguistique ne **serait peut-être pas aujourd'hui** aussi bien protégé. Il **a aussi fallu qu'il rapatrie** la Constitution au Canada et **qu'il y insère** la Charte canadienne des droits et libertés pour nous donner des droits. S'il était encore en vie, il **dirait sans doute**, à ceux qui se plaignent au sujet du fédéralisme canadien : «**Appréciez ce que vous avez**. Les citoyens d'autres pays ont peu de droits, eux ! »

Page 48

Le kiwi, un fruit renversant !

Originaire de Chine, ce fruit à la pulpe verte et sucrée et recouvert d'une peau poilue ne m'avait jamais attiré. «Avec ou sans la pelure, me disait ma mère, **il s'avère des plus rafraîchissant**, surtout un jour d'été **suffocant, où la chaleur est insoutenable !**» **Excellent** dans l'art de persuader les gens, elle m'a affirmé, d'un ton plutôt **convaincant**, **que le kiwi possédait des vertus** telles que je ne saurais refuser d'y goûter. «Le kiwi, mon cher fils, est très riche en vitamines C, A, et E, en calcium, en fer, en magnésium et en acide folique. De toute évidence, il constitue un **excellent apport nutritionnel**.» **Négligeant trop souvent mon pauvre corps**, je me résolu donc de tenter l'expérience. Ce «merveilleux fruit», aux dires de ma mère, **possédait un goût**… **différent**. De plus, il **contiendrait davantage de vitamine C** que l'orange et serait plus riche en potassium que la banane ! **Hésitant** au début, j'ai rapidement développé un goût pour ce petit fruit rempli de **minuscules graines noires**, **provoquant** ainsi, chez ma mère, une joie des plus intenses !

Page 49

Au Cosmodôme

Cet été, ma soeur et moi **irons** à Laval et **passerons** six jours trépidants au camp spatial canadien. Nous **apprendrons** beaucoup de choses au sujet de l'espace. En outre, nous **étudierons** le cosmos et la notion de gravité, nous nous **familiariserons** avec les technologies de l'espace - comme le bras canadien par exemple – et le travail des astronautes, nous **observerons** les astres et les étoiles, et plus encore ! On **pourra** même essayer les simulateurs d'entraînement ! Puis, nous **finirons** la semaine en beauté avec une visite du Centre des sciences où il nous **sera** possible de revivre l'histoire de la conquête de l'espace, de faire un tour virtuel de la station spatiale internationale, et de suivre l'exploration lunaire. Nous **accompagnerez**-vous ?

Page 50

Et si l'assurance maladie n'existait pas ?

Que **ferions**-nous sans l'assurance maladie ? Si ce système n'existait pas, il **faudrait** payer pour recevoir des soins médicaux. Ce **serait** comme dans les années 1900 : on **avait** à défrayer les coûts reliés aux soins de santé, à moins bien sûr d'être assez chanceux pour avoir un emploi dans une compagnie qui possédait un régime d'assurance maladie. Chose certaine, il **faisait** bon vivre en Saskatchewan dans les années 1940 car on bénéficiait du régime publique d'assurance-hospitalisation mis sur pied par la province; et nous **étions** fiers d'être les pionniers dans ce domaine ! Si ce n'était pas Woodrow Lloyd, premier ministre de la Saskatchewan, le projet de loi sur les soins médicaux **n'aurait** peut-être jamais abouti en 1962, à la création du régime publique d'assurance maladie – le tout premier en Amérique du Nord. Le 1er juillet 1968, nous **n'assisterions** pas à l'entrée en vigueur de *la Loi sur l'assurance maladie*. Or, croyez-moi, si vous étiez né dans l'une ou l'autre des provinces canadiennes en 1972, vous **n'accoureriez** pas chez le médecin chaque fois que vous êtes malade, car il vous en **coûterait** tout votre argent !

Page 51

Le recyclage

Si tu veux faire ta part pour sauvegarder l'environnement, il est important **que tu réutilises** et **que tu recycles** le plus de choses possible. Or, pour un recyclage efficace, il faut **que tu suives** quelques règles de base. Premièrement, il est nécessaire que **toi et tes parents, vous vous munissiez** d'un grand bac conçu spécialement pour le recyclage et fourni par la ville où tu habites. Deuxièmement, il faut **que tu saches** quels sont les articles qui peuvent être recyclés. Le papier, le carton, le verre, le métal et le plastique en sont de bons exemples. Attention cependant, il est possible **que certains cartons ne soient pas** recyclables s'ils ont été souillés par de la nourriture. Le papier ciré ou plastifié ne peut pas non plus se recycler. Il faut **que tu examines** bien les contenants pour trouver le numéro, apparaît habituellement au centre d'un triangle formé par trois flèches, le logo attribué au recyclage. Dans certaines régions, il est possible **que les numéros trois et six ne soient pas** recyclés. Voilà, bon recyclage !

Page 52

Une recette à s'en lécher les babines

préchauffe, tamise, combine, mélange, continue, Incorpore, ajoute, Mets, fais.

CORRIGÉ

Page 53

Un éminent écrivain

fut, passa, fut, retourna, s'installa, épousa, fit, élirent, écrivit, fut, devint.

Page 54

Chers parents,
Nous proposons ici une dictée synthèse regroupant toutes les notions de grammaire qui ont été vues jusqu'à présent. Nous vous invitons à lire le texte lentement afin que votre enfant puisse bien en saisir toutes les nuances. Une fois l'activité complétée, vous pourrez réviser avec lui sa dictée et revoir, au besoin, certaines règles de grammaire pour renforcer les notions moins bien assimilées.

D'où vient le zéro?

Figurez-vous donc que le zéro est apparu en Mésopotamie dès le 3e siècle avant Jésus-Christ! À cette époque, on ne s'en servait que pour refléter une position vide dans le système de numération babylonienne. À l'origine, ce signe était constitué de deux clous inclinés qui seraient l'ancêtre de notre zéro. Les Babyloniens l'utilisaient surtout à l'intérieur d'un nombre (507), mais ni à gauche (057), ni à droite (570) de celui-ci. L'usage du zéro a été repris et perfectionné par les astronomes grecs, puis redécouvert par les Chinois qui ne l'inclurent cependant pas dans leur propre système de numération. Le zéro tel qu'on le connaît aujourd'hui nous vient des Indiens. En effet, très avancés dans les calculs, ils possédaient déjà, au 5e siècle, neuf signes distincts qu'ils utilisaient pour compter. Il était nécessaire qu'ils inventent le *sanya* – l'équivalent de notre zéro moderne – pour exprimer– le vide ou l'absence. Ce chiffre – le zéro – fera son apparition dans le monde arabe au 8e siècle, puis en Europe. Le mot français «chiffre» provient de l'arabe *sifr*, transcrit en italien par «*zephiro*», qui va devenir éventuellement *zevero*. Ce mot aboutira à «zéro» en français. Fait intéressant, la graphie du zéro s'inspirerait... de la voûte céleste!

Page 55

À la polyvalente

Savais-tu qu'avant l'école secondaire, telle qu'on la connaît aujourd'hui, il y avait la «polyvalente», **une école secondaire ayant vu** le jour en 1968? Il **paraît** que la vie **à la polyvalente n'était** pas très différente de celle des écoles secondaires actuelles. Même si les générations se succèdent, les jeunes **sont animés des mêmes désirs,** des mêmes aspirations. Quand **même, les temps ont bien changé**! Avant le début du 19e siècle, **il n'y avait** pas vraiment de système d'éducation. En Nouvelle-France, les filles faisaient leurs études primaires dans les écoles des Ursulines de Québec et les garçons pouvaient entreprendre des études «classiques» chez les Jésuites, les Récollets, les Sulpiciens ou les prêtres du Séminaire de Québec. **Vers 1824 sont apparues** les «écoles de fabrique», des **écoles confessionnelles érigées** surtout dans les paroisses des villages. Ce n'est qu'en 1845 que des **commissions scolaires sont mises** sur pied, et en 1869 qu'on sépare les écoles catholiques et protestantes. À partir de 1943, les enfants de 6 à 14 ans **sont obligés de fréquenter l'école**. Il **semblerait** que, dans les années soixante, le gouvernement de Jean Lesage ait joué un rôle fondamental dans la modernisation de notre **système scolaire en créant** le ministère de l'Éducation du Québec, les Cégeps et les polyvalentes. Même si les polyvalentes **n'existent** plus, les Cégeps, eux, **demeurent des institutions importantes au Québec**. C'est là que nous irons peut-être, toi et moi, après nos études secondaires!

Page 56

La Commedia dell' arte

Sais-tu d'où vient l'expression «un secret de polichinelle?». **Tirant ses origines** de la Commedia dell'arte, un genre théâtral italien **comique et populaire étant apparu** au 16e siècle et dans lequel la plupart des personnages sont masqués, elle fait référence à Polichinelle, l'un des nombreux personnages de la pièce. **Reconnu pour son incapacité** à garder un secret, Polichinelle – ou *Pulcinella*, qui signifie petit poussin en italien – est originaire de Naples, en Italie, et il symbolise la tromperie. En effet, tous s'en méfient car s'il a l'air gentil, il peut devenir un tueur à gages. D'autres personnages, aussi intéressants les uns que les autres, font partie de la pièce. Pantalon, par exemple, est un vieux marchand avare de Venise **représentant le pouvoir et la richesse**. Le Docteur, un Bolognais savant et médecin **prescrivant de drôles de remèdes incarne**, quant à lui, le pouvoir intellectuel. Il est gras et **pourvu d'une grosse bedaine**. Valet originaire d'une partie de la ville de Bergame où les habitants ont la réputation d'être parfois sots, Arlequin **est sans conteste le personnage préféré** des enfants. À la fois naïf et rusé, vif et maladroit, il symbolise la fantaisie et le mouvement.

Page 57

Les origines de la tire Sainte-Catherine

La tire Sainte-Catherine, cette tire dorée sous forme de bonbon qui fond dans la bouche, **s'est faite connaître** au 19e siècle, dans la Vallée du Saint-Laurent, non pas par sainte Catherine elle-même, mais par Marguerite Bourgeoys, **une missionnaire religieuse qui est venue** en Nouvelle-France pour y enseigner aux enfants français et amérindiens. La tire Sainte-Catherine **est associée à la fête du même nom qui autrefois** était célébrée en Normandie, en France, le jour du 25 novembre, pour honorer la «sainte patronne» des filles âgées de 25 ans et toujours célibataires. La coutume voulait que la statue de sainte Catherine **soit vêtue des plus beaux habits du pays**. C'est la fille aînée de la maison qui était responsable de décorer la statue. L'expression «coiffer sainte Catherine» **est issue de cette tradition française et se réfère** au fait de demeurer «vieille fille» ou célibataire. Pourquoi honorer les célibataires? Eh bien, parce que sainte Catherine, de son vrai nom «Catherine d'Alexandrie», légendaire pour sa foi inébranlable envers la religion catholique, **est morte sans s'être mariée**. Épris d'elle, l'empereur Maximien voulut l'épouser mais, devant son refus, il lui fit couper la tête.

Page 58

Antoni Gaudi, célèbre architecte

Architecte espagnol **reconnu pour ses œuvres** incroyablement imaginatives, Antoni Gaudi est l'un des plus célèbres artistes de son temps. Toutes ses œuvres, que l'on trouve surtout à Barcelone, **ont été influencées par les quatre passions** qu'il **a entretenues au cours de sa vie**: l'architecture, la nature, la religion et l'amour de la Catalogne, cette superbe région d'Espagne. Sept de ses œuvres **ont été classées** par l'Organisation des Nations Unies pour l'éducation, la science et la culture (UNESCO) comme patrimoine mondial de l'Humanité. Parmi celles-ci figurent, la *Sagrada Familia*, une magnifique cathédrale **érigée en plein cœur de Barcelone** et qui **ne fut jamais achevée** en raison d'un accident qui causa la mort de Gaudi. Le fameux parc Güell, où s'élèvent plusieurs bâtiments dont deux maisons qui semblent sortir du conte des frères Grimm *Hansel et Gretel*, sont d'autres exemples du travail de maître **accompli** par Gaudi. Il **a aussi donné naissance au** «Trencadis», une technique qui consiste à incorporer de petites pièces de céramique **cassées dans des œuvres architecturales diverses**.

Page 59

Robert Bourassa

Robert Bourassa est **un politicien qui a beaucoup** contribué à l'essor économique du Québec. Né en 1933, il succède à Jean Lesage et **devient, à l'âge de trente-six ans, le plus jeune premier ministre** de l'histoire de la province. Il **demeurera en poste pendant près de dix-sept ans**, un exploit fracassant. Lorsqu'il est élu, en 1970, chef du parti libéral du Québec et premier ministre de la province, celle-ci **est en pleine crise**: c'est la fameuse «Crise d'octobre», événement au cours duquel le Front de libération du Québec (FLQ) revendique l'indépendance du Québec et procède à l'enlèvement de James Cross, un diplomate britannique, et de Pierre Laporte, ministre québécois du Travail. S'il **a l'air d'être un ardent fédéraliste**, Robert Bourassa jouera tout de même un rôle décisif dans la négociation de l'Accord du Lac Meech, en appuyant le Québec dans sa démarche pour faire reconnaître son caractère distinct au sein du Canada. Bien que souvent critiqué, Bourassa **restera toujours, pour les Québécois, l'homme à l'origine de l'adoption de la loi 22**, une loi visant à faire reconnaître le français comme langue officielle du Québec.

Page 60

Un coureur élite

Savais-tu que **l'un des athlètes les plus rapides au monde** est un Éthiopien? En effet, Haile Gebreselassie **est un coureur de fond né** en 1973 à Assella, dans la province d'Arsi **en Éthiopie**. Issu d'**une famille de dix enfants**, il doit **tous les jours** parcourir dix kilomètres **pour** se rendre **à** l'école. Au lieu de marcher comme la plupart des enfants, il court, imitant ses idoles, des champions olympiques. **Imaginez-vous** donc **qu'à** 16 ans, il **participe à son premier marathon** qu'il termine **en seulement** 2 heures 42 minutes! Puis **à** 19 ans, il remporte sa **toute première médaille** internationale – une médaille d'argent – **au** cross junior **des mondiaux de** cross-country **de** Boston, aux États-Unis. S'il n'est pas le coureur **le moins** rapide du monde, il ne court cependant pas **aussi vite que certains** de ses adversaires kényans et marocains. Et **pour** cause, plusieurs blessures l'empêchent d'accéder au podium. Mais son endurance et sa persévérance vont porter fruit: **en 2000, après s'être décidé** à la dernière minute **de participer aux** Jeux olympiques **de** Sydney, il remporte la course en dépit d'un problème **de cartilage**. Puis, **après avoir réussi** à établir, en 2007, le plus grand record **de marathon**, il le surpassera à Berlin, en 2008, avec un temps record de 2 heures 3 minutes 59 secondes: du jamais vu! **Depuis ses** débuts comme coureur de fond, il a remporté deux médailles d'or aux Jeux olympiques et huit aux Championnats du monde d'athlétisme **sur des distances de 1 500 mètres à 10 000 mètres**. Il a établi plusieurs **records du monde sur** des distances de 2 000 mètres et plus, y compris au marathon. Sa vitesse moyenne: 20,42 km/heure. On le considère comme l'un des plus grands coureurs de fond de **tous les temps**.

Page 61

Des instruments de calcul

Jadis, en Abyssinie (l'Éthiopie), on dénombrait, au moyen **de la méthode la plus simple, mais non la moins efficace**, qui soit, le nombre de chaque guerrier mort au combat. Les guerriers déposaient, avant de partir, un caillou sur un tas prévu à cet effet. À leur retour, ils le retiraient du tas et savaient ainsi combien d'entre eux avaient péri. Vers l'an 500 avant Jésus-Christ, les Chinois ont créé le boulier pour faciliter le calcul d'opérations **aussi simples que l'addition et la soustraction**, mais aussi plus complexes comme l'extraction des racines carrées. Les Babyloniens, eux, ont inventé l'abaque. Dans ces deux systèmes très semblables, les unités, les dizaines et les centaines étaient souvent représentées par des colonnes de perles. Bien que **moins avancées que les systèmes de calcul chinois** et babyloniens, les tablettes grecques permettaient de dessiner, à l'aide d'un stylet, des calculs qu'on pouvait effacer par la suite. Il faudra attendre les 17e et 18e siècles avant de voir apparaître respectivement la règle à calcul et la table numérique, systèmes **plus ingénieux encore que les précédents**.

Page 62

Entrevue avec un diplomate

Notre enseignant nous a demandé, dans le cadre de notre cours de français, de réaliser une entrevue avec une personne de notre entourage au sujet de sa profession. Étant donné que je connais très bien le papa de Loric, mon meilleur ami, je lui ai demandé si je pouvais l'interviewer et il a accepté. **Voici donc le résumé de mon entrevue avec lui**:

— **Monsieur Saint-Germain, quelle profession exercez-vous?**

— **Quand je suis ici, au Canada, fonctionnaire public et lorsque je suis à l'étranger, diplomate.**

— **Alors, vous voyagez beaucoup?**

— **Oui. Et je pars aussi habiter, à l'occasion, dans d'autres pays.**

— **Ah bon? Vous y demeurez longtemps?**

Page 63

Entrevue avec un diplomate (suite)

— Ça dépend**[.]** Une affectation **[–]** c'est comme ça qu'on appelle l'action d'aller vivre et travailler dans un pays étrangers **[–]** peut durer entre un an et quatre ans**[.]** Si un pays est considéré sécuritaire**[,]** on peut y rester jusqu'à quatre ans**[.]** Si**[,]** au contraire**[,]** on juge que la situation y est plutôt instable**[,]** alors on n'y demeure qu'un an**[.]**

— Que faites-vous dans votre travail**[?]**

— Comme je suis agent politique**[,]** je suis et j'étudie les événements politiques du pays**[,]** je rédige des rapports pour informer notre gouvernement de la situation en cours**[,]** et je développe des relations avec les académiciens**[,]** les gens issus d'organisations sans but lucratifs**[,]** et les gens qui gouvernent le pays**[.]** Parfois**[,]** je négocie des accords avec d'autres pays**[.]**

— Est-ce que ça donne des résultats**[?]**

— Oui**[.]**Grâce aux diplomates**[,]** le Canada maintient de bonnes relations avec plusieurs pays du monde**[.]** Nous faisons même du commerce avec eux**[!]**

— Wow**[!]** Moi**[,]** quand je serai grande**[,]**je veux être diplomate**[!]**

Page 64

L'araignée

[précieux] [surtout] [beaucoup] [confectionner] [victimes] [compte] [traquent] [s'empêtrer] [sensibles].

Page 65

Chers parents,

Voici enfin venu le moment où votre enfant pourra consolider, en une seule et même dictée, tout le savoir acquis et revu précédemment. Il vous incombe maintenant la tâche de lui énoncer la dictée, comme le ferait un bon enseignant c'est-à-dire, en la lui lisant lentement et en prononçant bien chaque mot, chaque syllabe. Répétez-les si vous le jugez nécessaire. Puis, aidez votre enfant à réviser son texte en lui rappelant les principales règles se rapportant à l'accord du nom et de l'adjectif au féminin, comme au pluriel, de même qu'à l'accord du verbe avec son sujet ou les compléments directs et indirects, selon le cas. Et surtout, n'oubliez pas de lui signaler de bien revoir sa ponctuation!

Jean de La Fontaine

Connu pour ses fables mettant en scène des animaux ayant l'apparence humaine, Jean de La Fontaine était un poète français du 17ᵉ siècle. Il s'est inspiré des fabulistes de l'Antiquité gréco-latine, en particulier d'Ésope, pour écrire ses célèbres fables. C'est en 1668, à l'âge de quarante-sept ans, que Jean de La Fontaine fait paraître son premier ouvrage: *Les Fables Choisies*. Ce recueil contient cent vingt-quatre fables réparties en six livres et est dédié au Dauphin, héritier et fils du roi Louis XIV. Il publiera ensuite plusieurs autres fables et ce, jusqu'à l'âge de soixante-douze ans. Une fable est une histoire pourvue d'une morale – présente soit au début, soit à la fin de l'histoire – qui porte à réfléchir et nous enseigne des règles de conduite ou des valeurs précises. Sans doute as-tu déjà entendu parler du *Lièvre et la Tortue* ou encore, de *La Cigale et la Fourmi*? Dans l'histoire du *Lièvre et la Tortue*, la Tortue fait le pari avec le Lièvre que celui-ci n'atteindra pas le but fixé avant elle. Sûr de franchir la ligne d'arrivée le premier, le Lièvre laisse la Tortue partir avant lui et s'arrête même en chemin pour s'allonger et faire une sieste sous un grand arbre. Or, pendant qu'il roupille, la Tortue gagne suffisamment de terrain jusqu'à le dépasser. À son réveil, voyant qu'elle va franchir la ligne d'arrivée la première, Le Lièvre se précipite afin de la dépasser mais... il est trop tard: la Tortue atteint la première le fil d'arrivée! La morale de cette histoire nous enseigne que «rien ne sert de courir, il faut partir à point»!

Page 66

Chers parents,

Votre enfant a-t-il besoin d'un plus grand défi? Eh bien repoussez les limites en lui donnant cette dictée!

Le réchauffement climatique

Saviez-vous que les gaz à effet de serre étaient la principale cause du réchauffement climatique? Les vapeurs d'eau (H_2O), le dioxyde de carbone (CO_2), le méthane (CH_4), le protoxyde d'azote (N_2O) et l'ozone (O_3) sont les principaux gaz contribuant à l'effet de serre. D'autres gaz, que produisent les usines et d'autres industries, sont également responsables pour ce phénomène. Les chlorofluorocarbures (CFC) qui sont contenus dans les systèmes de réfrigération et de climatisation, ont des effets néfastes sur notre couche d'ozone; pensez-y deux fois avant d'allumer votre climatiseur! Savez-vous que l'utilisation de combustibles fossiles tels que le charbon, le pétrole et ses dérivés, de même que le gaz naturel, contribue à hausser les concentrations de gaz à effet de serre dans l'atmosphère? Le fait de décimer nos forêts matures joue aussi un rôle important dans l'augmentation de ces gaz, car les jeunes arbres qui poussent après qu'on eût coupé tous les gros absorbent beaucoup moins de carbone et emmagasinent une moins grande quantité de matière organique, ce qui a pour résultat d'accroître les rejets de CO_2 dans l'air. Enfin, le méthane produit par les ruminants et les surfaces inondées comme les rizières, par exemple, a des effets tout aussi désastreux sur l'environnement. Donc, si vous voulez faire votre part pour sauvegarder notre planète, consommez moins de viande, marchez ou prenez les transports en commun et surtout, évitez d'utiliser tout produit renfermant des substances nocives pour l'environnement! En somme, soyez plus vert!